Königs Erläuterungen und Materialien
Band 426

Erläuterungen zu

Christa Wolf

Der geteilte Himmel

von Rüdiger Bernhardt

Bange Verlag

Über den Autor dieser Erläuterung:

Prof. Dr. sc. phil. Rüdiger Bernhardt lehrte neuere und neueste deutsche sowie skandinavische Literatur an Universitäten des In- und Auslandes. Er veröffentlichte u. a. Monografien zu Henrik Ibsen, Gerhart Hauptmann, August Strindberg, gab die Werke Ibsens, Peter Hilles, Hermann Conradis und anderer sowie zahlreiche Schulbücher heraus. Seit 1994 ist er Vorsitzender der Gerhart-Hauptmann-Stiftung Kloster auf Hiddensee.

Hinweis:
Die Rechtschreibung wurde der amtlichen Neuregelung angepasst.
Zitate von Christa Wolf müssen auf Grund eines Einspruches in der alten Rechtschreibung beibehalten werden.

1. Auflage 2004
ISBN 3-8044-1812-0

Titelabbildung: Christa Wolf
Druck und Weiterverarbeitung: Tiskárna Akcent, Vimperk

(Zitiert wird nach: Christa Wolf: *Der geteilte Himmel*. Erzählung. München: Deutscher Taschenbuch Verlag GmbH & Co. KG, [37]2003)

Vorwort

Ein Buch, das in 40 Jahren in zwei Verlagen bis heute über 50 Auflagen erreicht hat - abgesehen von Veröffentlichungen in anderen Verlagen oder Zeitschriften - hat eine besondere Anziehungskraft. In Christa Wolfs Texten werden im individuellen Erleben politische und soziale Grundfragen gespiegelt; Rita Seidels Schicksal im *Geteilten Himmel* betrifft viele deutsche Menschen um 1961. So leicht es einerseits ist, in Christa Wolfs Texten einmalige individuelle Schicksale zu finden, so deutlich sind diese Schicksale andererseits Ausdruck historischer Vorgänge: Rita Seidels Schicksal ist eines des Kalten Kriegs, dessen Fronten sich in Deutschland und besonders in Berlin 1960 explosiv gegenüberstanden. Dem Buch zuzuschreiben, es thematisiere „das Leben in der DDR nach dem Mauerbau"[1], ist eine unhaltbare Reduktion. Ursprünglich war Christa Wolfs Problem im *Geteilten Himmel,* „wie es kommt, daß Menschen auseinander gehen müssen"[2], ohne dass politische oder ideologische Gründe dafür in Anspruch genommen wurden. -
Das Buch wurde und wird **gegensätzlich bewertet**, dabei gab es jedoch keine Polarität Ost oder West, wie sie sonst üblich war. - Ein westdeutscher Kritiker verstand 1970 die Erzählung so:

> *„... in ihrem Erstlingsroman ‚Der geteilte Himmel' ist ein Zustand abzulesen, der uns betrifft: Die Menschen in der DDR hadern mit dem deutschen Schicksal, sie sind verzweifelt über jeden, der wegging - weil es Freund, Geliebte oder Sohn ist -, aber sie verstehen, oft bitter und verzweifelt, dass so viele es*

1 Sigrid Löffler: *Ich will authentisch erzählen.* Ein ZEIT-Gespräch zum 70. Geburtstag von Christa Wolf. In: DIE ZEIT vom 18. März 1999

2 *Interview Christa Wolfs* mit dem Hessischen Rundfunk vom 27. 11. 1974. Vgl. Stephan, S. 35

nicht mehr aushielten. Und für alle eigentlich ist es nur die Wahl des kleineren Übels, nicht die ‚Option für die Freiheit'."[3]

Auch Kritiker der DDR reagierten schroff: Wurde der Autorin einerseits eine „dekadente Lebensauffassung"[4] bescheinigt, einen schlimmeren Vorwurf konnte es zu jener Zeit nicht geben, so erklärte andererseits ein Kritiker „die Sympathie, die dem Buch in der DDR entgegengebracht" wurde, mit der „Schönheit des ‚einfachen Lebens'"[5].
Die **vorliegende Erläuterung** wird die Erzählung kommentieren, analysieren und dabei auf die unterschiedlichen, ja gegensätzlichen Meinungen eingehen. Sie konzentriert sich auf die Zeitverhältnisse und wählt Biografisches unter dieser Voraussetzung aus. Spätere Entwicklungen der Autorin werden nur tendenziell mitgeteilt. Große Aufmerksamkeit wird in den Sacherläuterungen realen Ereignissen, Orten und Beispielen geschenkt, da der Erzählung, die zu den Werken des Bitterfelder Weges gerechnet werden kann, ein enges Verhältnis zur Realität nachgesagt wird und Christa Wolf das bestätigte: Nicht die „materielle Produktion" fand sie interessant, sondern „die Verhältnisse, welche die Produzenten im Prozess ihrer Produktion miteinander und mit anderen Institutionen und Schichten der Gesellschaft eingehen"[6]. Als der **Bitterfelder Weg** erfolgreich wurde, weil er die „Einmischung durch Kunst" ermöglichte und Schriftsteller wie Christa Wolf „die Möglichkeiten, die sie (die 1. Bitterfelder Konferenz, R. B.) uns eröffnet" hatte, vehement ergriffen, wurde er durch die 2. Bitterfelder Konferenz 1964 teilweise zurückgenommen.[7] –

3 Fritz J Raddatz: *Zur deutschen Literatur der Zeit I.* Traditionen und Tendenzen. Materialien zur Literatur der DDR. Reinbek bei Hamburg: Rowohlt Taschenbuch Verlag, 1987, S. 379

4 Reso, S. 83

5 Hans Bunge: *Im politischen Drehpunkt.* In: Drescher, S. 16

6 Christa Wolf: *Subjektive Authentizität.* Gespräch mit Hans Kaufmann (1973). In: dies.: Die Dimension des Autors. Bd. 2, Berlin und Weimar: Aufbau-Verlag, 1986, S. 348

7 Christa Wolf: *Rummelplatz 11. Plenum.* Erinnerungsbericht. In: dies.: Werke, Bd. 12, S. 263 f.

Christa Wolfs Erzählung löste eine beispiellose öffentliche Diskussion in der DDR aus, die weitgehend offen war und widersprüchlich verlief. Die Schriftstellerin erhielt noch vor der Buch-Veröffentlichung der Erzählung den geachteten Heinrich-Mann-Preis der Akademie der Künste der DDR und bald nach der Veröffentlichung den Nationalpreis III. Klasse der DDR: Für eine einzige Erzählung bekam sie die gleiche Auszeichnung wie der Romanist Victor Klemperer für sein Lebenswerk als Wissenschaftler, Hochschullehrer und Politiker. Gleichzeitig veröffentlichten Presseorgane der SED wie das *Neue Deutschland* und die *Freiheit* (Bezirksorgan der SED in Halle) die massivsten Vorwürfe. Über solche Widersprüche wird in der Erläuterung nachgedacht.

1. Christa Wolf: Leben und Werk

Auszeichnungen, Mitgliedschaften in Akademien u. Ä., Funktionen, Reisen und Gastlehrtätigkeit werden nur in Auswahl und bei Bezügen zu *Der geteilte Himmel* aufgeführt.

1.1 Biografie

Jahr	Ort	Ereignis	Alter
1929	Landsberg/ Warthe	(heute Gorzów Wielkopolski) 18. März: Christa Margarete Elfriede Ihlenfeld wird als Tochter des Kaufmanns Otto Ihlenfeld, Inhaber eines Lebensmittelgeschäfts, und der Mutter Herta I., Buchhalterin, geboren.	
1935	Landsberg	Ostern: Einschulung als Jüngste der Klasse.	6
1937	Ostsee	Juni: erste Trennung von der Familie und Genesungsreise an die Ostsee wegen Bronchialkatarrhs.	8
1939–45	Landsberg	Mitglied im BDM. Besuch der Oberschule in Landsberg.	10–16
1945		29. Januar: Flucht auf einem Lastwagen von Westpreußen nach Westen.	16
	Grünefeld bei Nauen	Februar–April: Schulbesuch.	

Jahr	Ort	Ereignis	Alter
	Gammelin bei Schwerin	Mai: Schreiberin beim Bürgermeister von Gammelin bei Schwerin: „Das Dorfleben war ihre Rettung, aber es lag ihr nicht." (*Kindheitsmuster,* S. 435).	
1946	Schwerin	März: Besuch der Oberschule, Mai: Tbc-Erkrankung.	17
1946/47	Ostsee	Mehrmonatiger Sanatoriumsaufenthalt.	17–18
1947 –1949	Bad Frankenhausen	Umzug. November 1948: FDJ; Abitur, Bekanntschaft mit Gerhard Wolf (geb. 1928), Februar 1949: Eintritt in die SED.	18–20 18
1949	Jena	Lehrerstudium: Deutsch und Geschichte bei Gerhard Scholz u. a. Mitstudent: Gerhard Wolf.	20
1951	Jena	Heirat mit Gerhard Wolf, der Rundfunkreporter in Leipzig wird.	22
	Leipzig	Spätherbst: Studium der Germanistik in Leipzig bei Hans Mayer. Besuch des Seminars „Große Romane der Weltliteratur": Behandelt werden Rolland, Gorki, Nexö, Thomas Mann, Tolstoi, Dreiser, Scholochow u. a.	
1952	Leipzig	Januar: Geburt der Tochter Annette; journalistische Arbeit.	22

Jahr	Ort	Ereignis	Alter
1953	Leipzig	Examensarbeit über Hans Fallada, Umzug nach Berlin.	24
1953 –1959	Berlin	Wissenschaftliche Mitarbeiterin beim Schriftstellerverband, Lektorin, Redakteurin der *NDL* (Neue Deutsche Literatur). Mitarbeit am *Forum*. Reise nach Moskau. Bekanntschaft mit Anna Seghers, Weiskopf, Willi Bredel u. a.	24–30
1955 –1977	Berlin	Mitglied des Vorstands des Deutschen Schriftstellerverbandes (seit 1973 Schriftstellerverband der DDR).	26–48
1956	Berlin	Kurzzeitig Cheflektorin des Verlags Neues Leben. Geburt der Tochter Katrin.	27
1958	Berlin (West)	Herbst: als Wahlhelferin der SED in Westberlin verhaftet und einige Tage in Moabit inhaftiert.	29
1959	Berlin	März: Anwerbung durch das MfS (Stasi) als GI/IM Margarete und dreijährige Tätigkeit, seit 1969 selbst „Operativer Vorgang" (OV) „Doppelzüngler" (42 Aktenbände).	30
	Bitterfeld	24. April: 1. Bitterfelder Konferenz auf Einladung des Mit-	

Jahr	Ort	Ereignis	Alter
		teldeutschen Verlages. Abschluss einer längeren kulturpolitischen Entwicklung.	
1959	Halle	September: Umzug; beide Wolfs leisten Lektoratsarbeit im Mitteldeutschen Verlag. Beginn der literarischen Tätigkeit: *Moskauer Novelle* geschrieben.	30
1960	Halle	Studien und Tätigkeit im Waggonbau Ammendorf, Mitglied einer Brigade und Leitung des „Zirkels schreibender Arbeiter" im Waggonbau. **Beginn der Arbeit am *Geteilten Himmel.***	31
1961	Halle	*Moskauer Novelle* erschienen nach Vorabdruck in der heute legendären Zeitschrift *Junge Kunst* (1960, H. 7 und 8). Kunstpreis der Stadt Halle.	32
1962	Kleinmachnow	Umzug; freischaffende Schriftstellerin.	33
1963		Januar: Wahl zur Kandidatin des ZK der SED (bis 1967). April: Heinrich-Mann-Preis. Beginn der Freundschaft mit Brigitte Reimann. **Mai: Die Erzählung *Der geteilte Himmel* erscheint**. Bis Ende des Jahres: 160 000 Exemplare verkauft.	34

Jahr	Ort	Ereignis	Alter
1964		**Film *Der geteilte Himmel* (Regie: Konrad Wolf)**, März: Lesereise in die Bundesrepublik, Besuch des Auschwitz-Prozesses in Frankfurt a. M.; – Oktober: Nationalpreis.	35
1965	Berlin	Juli: Während eines Abendessens bei Anna Seghers lernt sie Lew Kopelew kennen, der ihr Vertrauen gewinnt. Mitglied des PEN-Zentrums der DDR; von nun an Teilnahme an Internationalen PEN-Kongressen. Dezember: 11. Plenum des ZK der SED, kultureller Kahlschlag; kritische Rede C. Wolfs über verbrauchte ästhetische Modelle und über die besondere Arbeit des Schriftstellers.	36
1968	Halle	*Nachdenken über Christa T.*	39
1969		Ihr „Grunderlebnis der letzten Jahre": „Die Hände wegschlagen"[8] (in einem Brief an Brigitte Reimann).	40
1974	Berlin	Mitglied der Akademie der Künste der DDR (Austritt 1993).	45

8 Brigitte Reimann / Christa Wolf: *Sei gegrüßt und lebe*. Berlin: Aufbau Taschenbuch Verlag, 1995, S. 20

Jahr	Ort	Ereignis	Alter
1976	Berlin	Umzug; Unterzeichnung des „Offenen Briefes" gegen die Ausbürgerung Wolf Biermanns.	47
1980		Georg-Büchner-Preis.	51
1981 ff.	Berlin	u. a. Teilnahme an den Internationalen Schriftstellerbegegnungen für den Frieden (1983 Den Haag, 1987 wieder Berlin).	52
1982	Frankfurt a. M.	Poetik-Vorlesungen an der J. W. v. Goethe-Universität.	53
1983	Columbus/ Ohio	Gastdozentur. *Kassandra. Vier Vorlesungen. Eine Erzählung.*	54
	Meteln	Das Landhaus in Meteln, ein Treffpunkt für die Freunde der Wolfs, brennt nieder; die Wolfs verlassen den Ort, aber nicht Mecklenburg. Seitdem wohnen sie in einem alten Pfarrhaus bei Goldberg.	
1985	Hamburg	Ehrendoktorwürde, der weitere Ehrendoktorwürden folgen.	56
1987	München	Geschwister-Scholl-Preis, Gastdozentur in Zürich; Nationalpreis.	58
1989	Berlin	Juni: Austritt aus der SED. 4. November: Rede auf dem Alexanderplatz „Wir sind das Volk." 8. November: Aufruf im Fernsehen „Bleiben Sie bei uns."	60

Jahr	Ort	Ereignis	Alter
		26. November: gemeinsam mit Stefan Heym Aufruf „Für unser Land", für eine sozialistische Alternative zur Bundesrepublik.	
1990	Berlin	Erzählung *Was bleibt* (entstanden 1979). Aus der Debatte darüber wird der deutsch-deutsche Literaturstreit.[9]	61
1992	Santa Monica/ Kalifornien	Stipendiatin am Getty Center bis 1993.	63
1993	Berlin	Austritt aus der Akademie der Künste (Ost) und der Akademie der Künste (West), [Mitglied seit 1982].	64
1994	Dresden	27. Februar: erster großer Auftritt nach der Wende in der Semperoper: *Zur Sache: Deutschland.* Oktober: Eintritt in die Akademie der Künste.	65
1996	Chemnitz	Uraufführung *Till Eulenspiegel* (Regie: Martin Nimz) nach einer Filmerzählung von Christa und Gerhard Wolf von 1964, die von der DEFA nicht verwirklicht wurde.	67
1999	Alzey	Elisabeth-Langgässer-Literaturpreis für das Gesamtwerk,	70

9 Vgl. dazu: Thomas Anz (Hrsg.): *Es geht nicht um Christa Wolf*. Der Literaturstreit im vereinten Deutschland. Frankfurt a. M.: Fischer Taschenbuch Verlag, 1995 (Erstdruck 1991 bei edition spangenberg) und Magenau, S. 406 ff.

Jahr	Ort	Ereignis	Alter
		das „sich in die Nachfolge Langgässers einreihe" (Begründung).	
2002	Leipzig	Deutscher Bücherpreis für das Lebenswerk. Laudator: Günter Grass.	73
	Berlin	Die Akademie der Künste erwirbt das Archiv der Schriftstellerin.	
2003		*Ein Tag im Jahr. 1960–2000.*	74

1.2 Zeitgeschichtlicher Hintergrund

Aus der Zeitgeschichte werden zum Verständnis des Textes einige Vorgänge herausgestellt: die Fortschrittsgläubigkeit der Menschen in der DDR – besonders forciert durch die Erfolge der Sowjetunion bei der Weltraumforschung –, das Verhältnis von Individuum und Gesellschaft beim gemeinschaftlichen Arbeiten und die Grenzschließung der DDR am 13. August 1961. Außerdem werden kulturpolitische Ereignisse und philosophische Entwicklungen jener Jahre, die für die Erzählung bedeutsam sind, skizziert.

Die Erzählung spielt zwei Jahre vor bis drei Monate nach dem **13. August 1961**, an dem von der DDR die so genannte „Mauer" gebaut wurde. In der politischen Sprache der DDR hieß das „Sicherung der Staatsgrenze der DDR". In der Zeit eskalierte der Kalte Krieg; Wirtschaftsboykotte waren alltäglich. Die Menschen in der DDR reagierten darauf, indem sie das Land verließen. Vor allem hoch qualifizierte Wissenschaftler und Facharbeiter suchten ihr Heil jenseits der Grenze. Die Gründe waren vielfältig: Sie lagen im System der DDR, vor allem in ihrem Verwaltungssystem und der daraus entstandenen Bürokratie, und in der ungenügenden Entwicklung einer wirksamen Demokratie. Die Gründe lagen aber auch außerhalb, indem mit Abwerbungen Politik gemacht wurde und dabei vordergründig individuell Wohlstandsversprechungen gegeben wurden. Das **Thema von Republikflucht und Entscheidung für die Republik** war literarisch zu einem wichtigen Thema geworden, seitdem Anna Seghers 1959 ihren Roman *Die Entscheidung* veröffentlicht hatte und ihr Schriftsteller wie Volker Braun, Brigitte Reimann und andere folgten.

Kalter Krieg

Mauerbau

Die folgenreiche und unpopuläre Maßnahme des **Mauerbaus** wurde von der DDR durchgeführt, ging aber auf Beschlüsse der Staaten des Warschauer Vertrages zurück, die von der DDR umgesetzt wurden. Auch die DDR war interessiert, die Grenze zu schließen, verließen doch täglich bis zu 400 Menschen das Land, aber der entscheidende Beschluss lag nicht in ihren Händen. Hintergrund war, dass es eine sich zuspitzende Berlin-Krise gab. Diese wurde verantwortet von unterschiedlichen Interessen der westlichen Alliierten einerseits und der Sowjetunion andererseits.[10] Während die Sowjetunion für einen separaten Friedensvertrag mit der DDR und einen neuen Status für West-Berlin eintrat, wollten es die Alliierten beim Status quo belassen. Der amerikanische Botschafter in Moskau Llewellyn Thompson schickte am 16. März 1961 an den US-Außenminister Rusk ein Telegramm, in dem er vorschlug, zur Entspannung in Berlin den RIAS zu schließen und die Spionagetätigkeit zu reduzieren, dass er aber trotzdem damit rechne, dass „die Sektorengrenze" abgeriegelt werde.[11] Danach beschrieb er ein mehrjähriges Memorandum, in dem er neben der Erhaltung des Berlin-Status „eine Absperrung der Sektorengrenze" vorschlug.[12] Als am 13. August 1961 die Grenzen geschlossen wurden, geschah das, was die CIA „bereits im November 1957 für möglich gehalten hatte"[13]. So erklärte sich, dass die Alliierten nicht überrascht waren und sich auf die üblichen Proteste beschränkten.[14] Einschränkungen bedeutete die Mauer vor

10 Eine differenzierte und materialreiche Darstellung findet sich bei Rolf Steininger: *Der Mauerbau.* Die Westmächte und Adenauer in der Berlinkrise 1958–1963. München: Olzog, 2001, hier: S. 98 ff.

11 Ebd., S. 173

12 Ebd., S. 177

13 Ebd., S. 173

14 Die *Bildzeitung* titelte am 16. August 1961: „Der Osten handelt – was tut der Westen? DER WESTEN TUT NICHTS!"

allem für die Deutschen in den beiden Staaten. Christa Wolfs Erzählung beschreibt, wie die Grenze durch ein Liebespaar geht. Ein Biograf Christa Wolfs interpretierte 2002 Ritas Entscheidung für die Heimat und gegen den Geliebten so:

> *„Vor dem Hintergrund der gerade geschlossenen Grenzen erhält die Entscheidung, in der DDR zu bleiben und aktiv am Aufbau mitzuwirken, eine exemplarische Vorbildhaftigkeit. So betrachtet ist ‚Der geteilte Himmel' ein ideologischer Überbau für die Mauer und schreibt der autoritären Maßnahme des Staates einen persönlich erfahrenen Sinn zu."*[15]

Er kann sich dabei auf eine Aussage Martins, Manfreds und Ritas Freund, stützen, dass Manfred durch einen früheren Mauerbau „nicht mehr [hätte] ausweichen" (159) können.
Die Führung der DDR unter Leitung Walter Ulbrichts war an Grenzkontrollen interessiert, da die Abwanderung aus der DDR der Wirtschaft Schaden zufügte und das Leben in der DDR durcheinander brachte. Der sowjetische Botschafter in der DDR Jurij Kwizinskij erklärte in seinen Memoiren, Ulbricht habe damals gesagt, dass er nicht die Verantwortung für diese Zustände übernehmen könne, „ein zweiter Juni 1953 kann nicht ausgeschlossen werden."[16] Auch diese Wirtschaftssituation spielt in Christa Wolfs Erzählung eine Rolle.

Unruhe und Aufbruchstimmung

Ihre Rita Seidel empfand die ausgehenden fünfziger Jahre mit ihrer „Unruhe und Aufbruchstimmung" (13) als normal, „sie kannte es nicht anders". Die alltäglichen Schwierigkeiten verbanden sich mit Technikoptimismus, der die Erzählung durchzieht, obwohl auch relativierende Töne – der Fluss war „nützlicher

15 Magenau, S. 130 f.

16 Rolf Steininger: *Der Mauerbau.* Die Westmächte und Adenauer in der Berlinkrise 1958–1963. München: Olzog, 2001, S. 240

und unfreundlicher" (30) geworden - zu hören sind. - Die wirtschaftliche Situation wurde um 1960 schwieriger, als noch mehr Menschen als sonst auf die Zuspitzung der Berlin-Frage reagierten und die DDR verließen, ein durchaus von den Alliierten gewünschter Vorgang, denn das würde die „ostdeutsche Wirtschaft ... nicht verkraften"[17]. Die Versorgung mit Lebensmitteln wurde schwierig, Demonstrationen waren die Folge. Beide Seiten berieten auch über den Ernstfall, also Krieg: die „sehr nahen Gefahren, die alle tödlich sind in dieser Zeit" (5). Nach dem 13. August 1961 waren sie „für diesmal abgewendet" (5). -

Die meisten Leser und Kritiker übersahen, dass eine weitere ökonomische Entwicklung ihre Spuren, insbesondere bei Rita, in der Erzählung hinterlassen hat: Am 25. April 1960 bestätigte die Volkskammer der DDR den vollständigen **Übergang zur genossenschaftlichen Produktion auf dem Lande**; die Einzelbauern gingen in den Genossenschaften auf. Der 1952 beginnende Prozess wurde seit Sommer 1959 vorangetrieben und stieß teilweise auf heftigen Widerstand der Bauern, deren Eigentümerbewusstsein tief verwurzelt war und die stärker als die Arbeiter in langlebigen Traditionen dachten. Dennoch stellte sich heraus, dass die neuen Produktionsformen vorteilhaft waren. Rita Seidel nahm das zur Kenntnis, wenn sie die „neuen Linien im Gesicht der Landschaft" (150) und „das Rot der neugedeckten Dächer an den Dorfrändern" (149) entdeckte. Während der Fahrt im neuen Waggon sieht sie die Landschaft der Vergangenheit, die „verwitterten häßlichen und regellosen Dörfer, die nicht nach den Gesetzen von Vernunft und Schönheit" (168), so die neuen Entwürfe, geordnet waren. Rita war an den Veränderungen beteiligt: Um die Genossenschaften zu unterstützen, gin-

Neue Produktionsformen

17 Ebd., S. 244

gen die Betriebe Verpflichtungen ein, während der Ernte die Bauern zu unterstützen. An einem solchen Ernteeinsatz nahm Rita teil (192 f.). Gleichzeitig mit Christa Wolfs Erzählung geriet Erwin Strittmatters Roman *Ole Bienkopp* (1963), der sich dieser Vorgänge annahm und auch Republikflucht thematisierte, in eine ähnlich heftige, widersprüchliche sowie politische Diskussion und vergrößerte den Ruhm seines Schöpfers. Wie Christa Wolfs Erzählung begann auch dieser Roman mit einem Prolog, der deduktiv organisiert war – vom Weltraum zur Erde in ein Dorf – und seine Verwandtschaft mit Arnold Zweigs Eröffnung des Romans *Der Streit um den Sergeanten Grischa* nicht verleugnete. –

Parallel zu den politischen sind auch kulturpolitische und philosophische Entwicklungen in der Erzählung reflektiert. Wenn Rita Seidel freiwillig ein Praktikum im Waggonbau aufnimmt, erfüllt sie eine Empfehlung, die 1959 auch Schriftstellern und Künstlern gegeben wurde. So wurden Christa Wolfs Erzählung und Romane Hermann Kants (*Die Aula*), Erwin Strittmatters (*Ole Bienkopp*) und Erik Neutschs (*Spur der Steine*) als „Kinder des Bitterfelder Weges"[18] oder als „Bitterfelder Ernte", die „reich und vielfältig"[19] sei, bezeichnet. Der Bitterfelder Weg wird oft als Irrweg verteufelt. Tatsächlich war er Bestandteil der Überlegung, „dass der Arbeiter nicht nur Thema der Kunst, sondern auch ihr Rezipient und schließlich ihr Mitgestalter sein"[20] sollte. Zwar entstanden 1959 die Forderungen von Bitterfeld aus einem vereinfach-

Der Bitterfelder Weg

18 Hermann Kähler: *Die Aula – Eine Laudatio auf die DDR*. In: Klaus Jarmatz u. a. (Hrsg.): Kritik in der Zeit. Literaturkritik der DDR 1945–1975. 2. Bd. Halle-Leipzig: Mitteldeutscher Verlag, 1978, S. 26. Die Kritiken sind eine empfehlenswerte Materialsammlung zum Werk Christa Wolfs.

19 Marc Silberman: *Soll und Haben*. Überlegungen zum Roman der DDR. In: Manfred Durzak (Hrsg.): Deutsche Gegenwartsliteratur. Stuttgart: Philipp Reclam jun., 1981, S. 502

20 Rüdiger Bernhardt: *Greif zur Feder, Kumpel! – Die Bewegung schreibender Arbeiter*. In: Reiz und Phänomen. Die Literatur der schreibenden Arbeiter. Hrsg. vom Archiv Schreibende ArbeiterInnen. Berlin: Archiv Schreibende ArbeiterInnen, 1996, S. 25

ten Wunschdenken, aber in der Weiterführung der Überlegungen kam es zu Werken wie dem *Geteilten Himmel* und anderen, zu „Zirkeln schreibender Arbeiter", die oft noch – heute als „Literarische Werkstatt" – Schreibenden Hilfe geben, Texte entwickeln und Bildung vermitteln. Schriftsteller wie Heiner Müller, Franz Fühmann, Brigitte Reimann, Erik Neutsch und andere hatten enge Kontakte zu „Zirkeln schreibender Arbeiter", betreuten sie und nahmen die Erfahrungen in ihre Werke auf; noch für manche mit hohen Preisen ausgezeichnete Schriftsteller der Gegenwart sind die „Zirkel schreibender Arbeiter" eine wichtige Durchgangsstufe.[21] Sie gehörten zu dem größeren Vorhaben, der **Entfremdung des Menschen** zu begegnen. Durch Bildung und den Umgang mit Kunst sollten bei den Menschen Verständnis für Planmäßigkeit und Bewusstheit der gesellschaftlichen Entwicklung und ihrer Ziele erreicht werden. Ein Christa-Wolf-Biograf meint, „Bitterfeld" habe „eine Verengung des Wahrnehmungshorizontes" bedeutet[22]. Christa Wolf ist anderer Meinung, weil sie und ihre Freunde „dem viel geschmähten ‚Bitterfelder Weg' folgend" mit anderen „in Betrieben waren, Freundschaften mit Leuten in Brigaden, mit Wirtschaftsfunktionären schlossen, Einblick bekamen in ökonomische Prozesse und Widersprüche. Das war zwar alles sehr anstrengend, aber auch hoch interessant."[23] Die Entwicklung Christa Wolfs von der *Moskauer Novelle,* auf die die Bitterfelder Überlegungen noch

21 Lutz Seiler ist gegenwärtig der erfolgreichste deutschsprachige Lyriker. In seinen Gedichten zeichnet er Stationen nach, die in der DDR lagen. Sie waren nicht problemlos, aber förderlich für ihn: Seine Kindheit in Gera, seine NVA-Zeit als Maurer in Leuna, seine erste intensive Bekanntschaft mit Dichtung im „Zirkel schreibender Arbeiter" der Leuna-Werke, sein Studium der Germanistik – „ich las / die welken zaubersprüche" –, veranlasst durch den „Zirkel schreibender Arbeiter", so etwas war auf dem Bitterfelder Weg möglich. Lutz Seiler hat 2002 den Anna-Seghers-Preis, 2004 den Bremer Literaturpreis und zuvor einige andere wichtige Preise bekommen.

22 Magenau, S. 91

23 Hörnigk, S. 35. – Vgl. auch Hörnigk, S. 82: Christa Wolf gab diesen Eindrücken offiziell Ausdruck in Berichten und Zeitungsartikeln im *Neuen Deutschland*.

keinen, zum *Geteilten Himmel,* auf die sie erheblichen Einfluss hatten, war bemerkenswert: Zur Liebesgeschichte und nationalen Geschichte kam die Arbeit als entscheidende Voraussetzung für die Menschwerdung des Menschen hinzu.

Mit der Qualität der Menschwerdung hatte sich auch der Dichter Johannes R. Becher wenige Jahre zuvor beschäftigt, der für Christa Wolfs Anfänge von Bedeutung war und dessen Überlegung dazu sie als „großen Gedanken"[24] bezeichnete. Während des Studiums las sie aufmerksam die einschlägigen Artikel im *Neuen Deutschland*, den Umgang mit Literatur lernte sie von Gerhard Scholz in Jena, dann in fortwirkender Dauer von Hans Mayer, der mit Becher befreundet war, und sie kannte die Tagebücher Bechers.[25] Als sie während einer Lesung aus der Erzählung im berühmten Hörsaal 40 der Leipziger Universität gefragt wurde, woher sie Anregungen bezogen habe, nannte sie die Briefe Gorkis, die „Bände von Becher oder Brechts Theorie"[26]. 1959 gab sie gemeinsam mit ihrem Mann Gerhard Wolf die zweibändige Anthologie *Wir, unsere Zeit* heraus, in der sich auch Texte Bechers befanden. – In Bechers *Auf andere Art so große Hoffnung. Tagebuch 1950* (1951) finden sich nicht nur auffallende Ähnlichkeiten mit Rita Seidels Vorstellungen von Dichtung, „Stück für Stück die sehr große Dunkelheit des noch Ungesagten zu erhellen" (142), verbunden mit der Abwehr eines „quälenden Außer-sich-Sein" (150), ein Begriff, der bei Becher Entsprechungen hat[27], sondern auch die „unsichere

Verweis auf Johannes R. Becher

24 Christa Wolf: *Selbstinterview* (1966). In: dies.: Die Dimension des Autors. Bd. 1, Berlin und Weimar: Aufbau-Verlag 1986, S. 33

25 Ebd., S. 16 ff., 23 f.

26 *Eine Aussprache mit Christa Wolf.* In: Universitätszeitung, Leipzig, 30. Mai 1963, S. 6

27 Bechers „Was ist das: dieses Zu-sich-selber-Kommen des Menschen?" und auch sein „Mit-mir-allein-Sein" als eine „Art Folterbank" korrespondieren mit Ritas Feststellung. Vgl. Johannes R. Becher: *Auf andere Art so große Hoffnung. Tagebuch 1950.* In: ders.: Gesammelte Werke, Bd. 12, Berlin und Weimar: Aufbau-Verlag 1969, S. 224, 418

Hoffnung auf Gewinn" (150). Rita Seidel, die in eine komplizierte Situation gekommen ist und von Selbstzweifeln geplagt wird, erlebt an sich den Prozess der Entfremdung („Das sonst schon vertraute Gesicht der Stadt war für sie heute zu einer Grimasse umgestülpt"; „wie dumm die Hoffnung" usw., 148) und ihrer Überwindung („Sie verachtete plötzlich ihre Anwandlung von Trägheit und Mutlosigkeit.", 150). Rita Seidel reflektiert über das allmähliche Wachstum eines sich verändernden Bewusstseins: Ihr war das „erste bißchen leicht verletzbarer Gewißheit schon unendlich teuer" (146), dass Meternagels, Wendlands und Schwarzenbachs „Lebensgrundsätze einmal das Leben aller Menschen bestimmen würden" (145). Das war ähnlich in Bechers *Der Aufstand im Menschen* nachzulesen.[28] Es war die Abrechnung mit der „Last des ‚nicht gelebten Lebens'", die vom Menschen bis zu jenem Grenzpunkt getragen werde, „an dem er das ganze ‚System von Ersatzhandlungen' nicht mehr weiterführen will und kann"[29].

Christa Wolf schrieb zu diesen Ideen eine entsprechende und kommentierende Essayistik (*Lesen und Schreiben*, 1968) und gab wenig später diesem Prozess den berühmt gewordenen Begriff „subjektive Authentizität"[30]. Damit ist das „Bedürfnis, auf eine neue Art zu schreiben", bezeichnet. Christa Wolfs „subjektive Authentizität" ist ein Verfahren der Wirklichkeitswiderspiegelung:

„Subjektive Authentizität"

28 Bechers *Der Aufstand im Menschen* ist 1948 entstanden, aber erst 1983 erschienen. Es war der Versuch, aus Resignation Kraft zu gewinnen und sich über einen anderen, neuen Menschen zu verständigen. Becher montierte die meisten Texte des *Aufstands* in sein *Tagebuch 1950* ein.

29 Jens-Fietje Dwars: *Abgrund des Widerspruchs*. Das Leben des Johannes R. Becher. Berlin: Aufbau-Verlag, 1998, S. 562

30 Christa Wolf: *Subjektive Authentizität.* Gespräch mit Hans Kaufmann (1973) In: dies.: Die Dimension des Autors. Bd. 2, Berlin und Weimar: Aufbau-Verlag, 1986, S. 324

„Dies ist durchaus ‚eingreifende' Schreibweise, nicht ‚subjektivistische'. Allerdings setzt sie ein hohes Maß an Subjektivität voraus, ein Subjekt, das bereit ist, sich seinem Stoff rückhaltlos ... zu stellen, das Spannungsverhältnis auf sich zu nehmen, das dann unvermeidlich wird, auf die Verwandlungen neugierig zu sein, die Stoff und Autor dann erfahren. Man sieht eine andere Realität als zuvor. Plötzlich hängt alles mit allem zusammen und ist in Bewegung."[31]

Unverwechselbare und vom Individuum reflektierte Identität wird zu gesellschaftlicher Produktivität. Das bedeutete Polemik gegen ethische Normvorstellungen, Idealisierungen von Vorbildern – „Schrittmacher" nannte man sie in jener Zeit – und eine steril harmonisierte Menschengemeinschaft, wie sie in den Dokumenten der SED beschrieben wurden. Nicht zu übersehen ist in *Der geteilte Himmel,* dass Christa Wolf auch von **philosophischen Überlegungen Ernst Blochs** fasziniert war, den sie während ihrer Studien in Leipzig neben Hans Mayer erlebte. Prolog und Epilog der Erzählung verwenden und wiederholen die Begriffe „aus dem vollen leben" und der „seltsame Stoff Leben". Außerdem wird als Gegenbegriff der „Stoff fremden Lebens" (215) eingeführt, der für Ritas Westberlin-Erlebnis steht. Das gehört zu Blochs *Das Prinzip Hoffnung*, zur „konkreten Utopie", die sich als „Grundstoff allen menschlichen Tätigkeiten" mitteilt.[32] Damit umschreibt Bloch die Verwirklichung eines gesellschaftlichen Wunschbildes und öffnet dem Menschen die Möglichkeit der vollständigen Selbstverwirklichung: „die Befreiung vom blinden Schicksal, von der undurchschaubaren Notwendigkeit".[33] Dieser Wunsch Rita Seidels erfüllt sich, wie zu zeigen sein wird, nur teilweise.

31 Ebd.

32 Ernst Bloch: *Freiheit und Ordnung*. Leipzig: Reclam, 1985, S. 190. *Freiheit und Ordnung. Abriss der Sozialutopien* ist ein Teil des *Prinzips Hoffnung*.

33 Ebd., S. 191

1.3 Angaben und Erläuterungen zu wesentlichen Werken

Prinzip der Zurücknahme

Die Werke Christa Wolfs verbindet das Prinzip der Zurücknahme. Einmal vorgeprägte literarische Modelle werden durch eigene Gegenentwürfe in Frage gestellt; das bedeutet, die eigenen Entwürfe kritisch zu befragen und sie, wenn nötig, zurückzunehmen.So haben alle Werke Christa Wolfs untereinander Beziehung.

Moskauer Novelle (1961) ist ein Vorläufer zum *Geteilten Himmel.* Die Liebesgeschichte, die ebenfalls die Geschichte einer Trennung ist, weist nur im Ansatz die Arbeit als Voraussetzung der Menschwerdung aus. Anderes, wie das Symbol- und Motivnetz, ist bereits deutlich entwickelt („Himmel", Farben- und Zahlsymbolik).

Störfall. Nachrichten eines Tages (1987) ist eine Zurücknahme des *Geteilten Himmels*: Dominierte dort die Fortschrittsgläubigkeit, obwohl von Umweltverschmutzung mehr als gemeinhin in dieser Zeit zu hören war (28 ff.), so wurde sie in diesem Werk nur eingeschränkt wirksam. Zwei technisch-naturwissenschaftliche Vorgänge werden miteinander konfrontiert, das Unglück von Tschernobyl und eine lebensgefährliche Operation des Bruders der Erzählerin.

> *„Die wichtigste und entscheidende Zurücknahme vollzieht sich jedoch im geistigen Bereich. Mit dem Selbstzitat der NACHRICHT wird der teilweise berechtigte und verbreitete Glaube an die ungeahnten Möglichkeiten des Menschen, wenn er sich des wissenschaftlich-technischen Fortschritts bemächtigt, zurückgenommen."*[34]

34 Rüdiger Bernhardt: *Zurücknahmen in Christa Wolfs „Störfall"*. In: Beiträge zur Sprach- und Literaturwissenschaft. Katowice 1991 (Prace Naukowe Uniwersytetu Śląskiego nr 1154), S. 31

Pate stand Thomas Manns *Doktor Faustus,* der Goethes *Faust* zurücknehmen sollte wie seine Hauptfigur Adrian Leverkühn Beethovens 9. Sinfonie. Eine Kunst sollte zurückgenommen werden, die nicht vor Verbrechen geschützt hatte. In *Kein Ort. Nirgends* (1979) meinte Christa Wolfs Erzähler, es stünde dem Künstler an, stumm zu sein. Sie entwickelte die Zurücknahme zu einem poetischen Verfahren, mit dem falsche Hoffnungen als falsch dargestellt werden konnten: Erstmals wandte sie es in ihrer Georg-Büchner-Preis-Rede (1980) an. Während Brecht in dem Gedicht *An die Nachgeborenen* (1939) ein „Gespräch über Bäume" in faschistischer Zeit fast für ein Verbrechen hielt, weil es „ein Schweigen über so viele Untaten einschließt", sah Christa Wolf im „Gespräch über Bäume, über Wasser, Erde, Himmel, Mensch – ein(en) Versuch, der mir realistischer vorkommt als die strikt wahnwitzige Spekulation auf den Weltuntergang". Sie nahm sowohl Ideen anderer – im *Störfall* Max Frischs *Der Mensch erscheint im Holozän* – als auch eigene zurück: im *Störfall* den Technikoptimismus des *Geteilten Himmels.*
Ein Tag im Jahr (2003) beschreibt unter der Überschrift *Dienstag, 27. September 1960. Halle/S., Amselweg* erneut eine frühe Phase des *Geteilten Himmels:* Christa Wolf dachte über Entwürfe nach, zu denen eine „Überidee" gefunden werden musste, „die den Stoff erzählbar und erzählenswert macht" (*Ein Tag im Jahr,* S. 23). *Ein Tag im Jahr* nennt die „Hölle" als Christa Wolfs Thema, weil der „Himmel" literarisch langweilig sei, hinzuzufügen wäre: langweilig geworden ist, weil er kaum mehr Konturen hat.
Christa Wolf hat ihr literarisches Werk mit einer umfangreichen Essayistik begleitet, die in den beiden Bänden *Die Dimension des Autors* (1986) zum Teil zusammengefasst wurde. Besonders *Lesen und Schreiben*, 1968 (Bd. 1), das Gespräch *Subjektive Authentizität*, 1973 (Bd. 1) und *Selbstinterview*, 1966 (Bd. 2) sind für das Verständnis des *Geteilten Himmels* wichtig.

2. Textanalyse und -interpretation

2.1 Entstehung und Quellen

Über die Entstehung hat Christa Wolf in *Dienstag, der 27. September* und an anderer Stelle (Akademie-Diskussionen usw.) berichtet. Die **Manuskriptanfänge** lagen zwei Jahre vor den Ereignissen des 13. August 1961 (Mauerbau), der ursprünglich keine Bedeutung für die Konzeption hatte, die sich mehrfach änderte: „Mich hatten Beobachtungen in Brigaden sehr gefesselt, gleichzeitig Beobachtungen an jüngeren Leuten vom Typ des Manfred Herrfurth"[35]. Es gab zwei Schwerpunkte. Einmal sollte es eine Liebesgeschichte werden, in der sich die Liebenden trennen, ohne dass einer die DDR verlassen musste. Zum anderen war es 1960 eine „reine Brigadegeschichte", die sich zur Dreiecksgeschichte entwickelte:

> *„Es ist merkwürdig, daß diese banalen Vorgänge, ‚dem Leben abgelauscht', auf den Seiten eines Manuskripts ihre Banalität bis zur Unerträglichkeit steigern. Ich weiß, daß die wirkliche Arbeit erst beginnen wird, wenn die Überidee gefunden ist, die den banalen Stoff erzählbar und erzählenswert macht."*[36]

Trennung eines Liebespaares durch den Mauerbau

Diese Überidee kam ihr durch den 13. August 1961. Nun wurde die Trennung eines Liebespaares, das sich vor dem Mauerbau voneinander verabschiedet hatte, durch politische Entscheidung endgültig. Lange suchte die

35 *Gespräch mit Christa Wolf* (1962). In: Drescher, S. 7

36 Christa Wolf: *Dienstag, der 27. September.* In: dies.: Erzählungen. Berlin und Weimar: Aufbau-Verlag, 1985 (bb Nr. 554), S. 34, sowie in: dies.: *Ein Tag im Jahr. 1960–2000.* München: Luchterhand, 2003, S. 23

Autorin nach der Form, in der die Trennung beschrieben werden konnte. Schließlich fand sie „die zweite Ebene als Mittel"[37], also jene Gegenwärtigkeit, aus der Rita Seidel die Ereignisse reflektiert. In *Kindheitsmuster* (1976) entwickelte Christa Wolf das Verfahren zur Perfektion und verschränkte drei Ebenen miteinander.

Der erste längere Versuch vom Herbst 1960 hieß *Drei in der Stadt.* Es folgten bis zum Sommer 1961 weitere Entwürfe mit Titeln wie „Entdeckungen", „Begegnung" und „Zur Zeit der Trennung". Bei der Diskussion über die Entwürfe war Christa Wolfs Mann Gerhard ein wichtiger Berater.

Unter den Quellen sind Christa Wolfs **Erlebnisse im Waggonbau Ammendorf** ebenso wichtig wie ihre Arbeit im dort angesiedelten „Zirkel schreibender Arbeiter". Bis in die beschriebenen Produktionsstörungen (60 ff.) gingen die Erzählvorgänge auf Tatsachen zurück.[38]

Beziehungen zu Uwe Johnson

– Als eine Beziehung besonderer Art ist Uwe Johnsons Roman *Mutmaßungen über Jacob* (1959) anzusehen. Johnson war ein Mitstudent Christa Wolfs in Leipzig. Sein Roman hat auffallende inhaltliche Entsprechungen zu Christa Wolfs Erzählung; in beiden Fällen wurde auch vom Ende her – vom Tod bei Johnson, vom gescheiterten Selbstmord bei Christa Wolf – erzählt. Andererseits stehen sich beide Bücher polar gegenüber: Johnsons Buch kann „als typisch für die Bundesrepublik und Christa Wolfs Buch als typisch für die DDR gewertet werden"[39]. Auch Christa Wolfs Beziehungen zu Anna Seghers sind hier zu nennen. Wenn Rita Seidel

Beziehungen zu Anna Seghers

37 Christa Wolf. In: *Der geteilte Himmel.* Probleme des sozialistischen Realismus in der darstellenden Kunst, behandelt am Beispiel des DEFA-Films. Referat und Diskussionsbeiträge der II. Plenartagung der Deutschen Akademie der Künste zu Berlin vom 30. Juni 1964 (Berlin 1956), S. 51

38 Magenau, S. 128; Sonja Hilzinger: *Nachwort.* In: Christa Wolf: Werke, Bd. 1, S. 290 ff.

39 Hans Bunge: *Im politischen Drehpunkt.* In: Drescher, S. 14

Sensibilität und Durchsetzungsvermögen miteinander verbindet, wenn sie nicht ohne Kunst leben kann und will und die Grenze zwischen Kunstrealität und Lebensrealität fließend hält, sind das Züge, die Christa Wolf von Anna Seghers und ihren literarischen Frauengestalten übernommen hat.

Germanistik-Studium als Quelle

Zur Entstehungsgeschichte und den Quellen gehört Christa Wolfs abgeschlossenes Germanistik-Studium. Sie hatte bei Hans Mayer studiert, für den Literatur ein Lebensbedürfnis war. Christa Wolf hatte während des Studiums und danach ein großes Literaturpensum absolviert, von dem besonders zwei Gruppen von Literatur für sie bedeutsam und von ihr bestätigt wurden:

1. Nach ihren literarischen Traditionen befragt, nannte sie Anna Seghers, Georg Büchner, Kleist, Aragon - dessen Roman *Die Karwoche* ihr Lehrer Hans Mayer gerade übersetzt hatte - Thomas Mann, Thomas Wolfe, Dostojewski, Tolstoi und Bulgakow.

2. Für die Zeit um 1960 kam sowjetische Gegenwartsliteratur dazu: Valentin Owetschkin, Tschingis Aitmatov *(Djamila)*, Ilja Ehrenburg - von dem Christa Wolf zu ihrer „biblischen Metaphorik"[40] im Titel angeregt wurde - und Galina Nikolajewna, deren Wirkung heute kaum mehr zu beschreiben ist. Sie war sensationell.

---

40 Hörnigk, S. 90

2.2 Inhaltsangabe

Der **Prolog** ohne Genre- oder Kapitelkennzeichnung führt in eine Industriestadt im Spätsommer. Aus Handlungsort (Stadt) und Zeit (Herbst), einem zum Symbol für Veränderung gewordenen Himmel (rein, verschleiert) und der Errettung aus nicht näher bezeichneten tödlichen Gefahren entsteht ein mythisch anmutender Raum, in dem es um Leben und Sterben geht. Die Überhöhung tritt ein, indem die Stadt personifiziert und der Text mit biblisch anmutenden Begriffen angereichert wird: Sie „atmete heftiger als sonst", „ihr Atem" fährt in den Himmel, „dieses verfluchte Wasser ... schmeckte ihnen bitter", „sie gebar und begrub" usw. (5). Das trägt ein erzählendes Wir vor, das in den Gesamtvorgang, „unsere alltägliche Arbeit" (5), integriert ist. Dieses „Wir" steht bei Christa Wolf für ihre Generation und öffnet das Einzelschicksal zum generationstypischen Schicksal. Der Eröffnungstext, der reale Orte und Zeiten nicht erwähnt, sondern sie stilisiert, macht das individuelle Schicksal, das anschließend geschildert wird, zum herausragenden Beispiel in einem dicht bewohnten Gebiet und einem Herzstück der Industrie; er benennt eine Erstarrung und eine erneut beginnende Bewegung.

1. Ende August 1961 erwacht die Studentin Rita Seidel im Krankenhaus aus ihrer Bewusstlosigkeit. Sie hat einen Selbstmordversuch verübt (zwei Waggons „zielten genau auf mich", 6). – Rita, die in einem mitteldeutschen Dorf wohnt, arbeitet während der Ferien im Waggonbau, in dem sie zuvor schon ein Praktikum absolviert hat. Für den Arzt steht fest, „daß nur Liebe ein junges Ding so krank machen kann" (7); er verordnet einen Sanatoriumsaufenthalt. – Rita wird vom jungen Betriebsleiter Wendland, von den Tischlern der Brigade Ermisch, ihrer Freundin – einer Friseuse – und von

Studenten und Mädchen aus dem Dorf besucht. Die Zeit im Sanatorium nutzt Rita zur Selbstbesinnung, denn sie muss ihren Selbstmordversuch verarbeiten: „Was noch zu bewältigen wäre, ist dieses aufdringliche Gefühl: Die zielen genau auf mich." (8)
2. Rita erinnert sich, wie „er", Manfred Herrfurth, 1959 in ihrem Dorf ankam. Während er bei einer Kusine Urlaub macht, lebt Rita mit Mutter und Tante in einem Häuschen am Waldrand. Beim Tanz im Gasthaus und auf dem Heimweg lernen sie sich kennen. Er reist am nächsten Tag ab, aber schreibt Rita. Sie weiß, dass sie Manfred liebt und von ihm geliebt wird.
3. Rita wurde mit 5 Jahren bei Kriegsende 1945 aus ihrer böhmischen Heimat vertrieben und umgesiedelt. Bei einer Tante fanden sie und ihre Mutter Unterschlupf. Dort wuchs Rita auf und verließ, entgegen dem Rat des Lehrers, die Schule, um in einer ländlichen Zweigstelle einer Versicherung zu arbeiten; sie wollte ihre kranke Mutter unterstützen, die bisher für sie da gewesen war. Während das Land 1959 in „Unruhe und Aufbruchstimmung" (13) ist, sieht sich Rita durch diesen „bösen blinden Zufall" ihrer Entscheidung einer „Gewöhnung an den einförmigen Ablauf ihrer Tage" (13) ausgesetzt: „Tagsüber arbeitete Rita, abends las sie Romane, und ein Gefühl der Verlorenheit breitete sich in ihr aus." (13)[41]
Die Begegnung mit Manfred, den sie nun häufiger sieht, verändert ihr Leben. Als Manfred Weihnachten 1959 auf Besuch kommt, vergleicht er die Situation ironisch mit einem Roman, Rita erlebte eine Idylle: „Weihnachten in dem verschneiten Dörfchen" (15). Manfred schenkt ihr „einen

41 Ritas Welt wird von Christa Wolf nicht „weltlos", sondern in „Unruhe und Aufbruchstimmung" beschrieben. Insofern ist der Deutung zu widersprechen: Rita „wird sich selbst fremd in dieser weltlosen Welt, aber anders als Millionen empfindet sie den Selbstverlust in solch auskömmlicher Lage als Unglück." Vgl. Heinz Hillmann, S. 397

schmalen silbernen Armreifen" (15). Rita hat keine Schwierigkeit, in Kunst (abgebildeter Wirklichkeit) und realer Wirklichkeit zu leben und beide einander anzunähern. – Während des Weihnachtsessens in Ritas Familie erschreckt Manfred die Frauen durch den Hass, den er für seine Familie, besonders seinen Vater hat. – Den Anbruch des Jahres 1960 erleben sie in „einer kleinen Herberge im nahen Vorgebirge" (16).

4. Rita ist irritiert, als sie von Manfred erfährt, dass er vor ihr schon mehrere Frauen gehabt habe. Er fordert von ihr, sich seinetwegen an nichts „Unmögliches zu gewöhnen" (17). Dass Rita später diesen Rat in ganz anderem Zusammenhang beherzigt, indem sie nicht bei ihm bleibt, sondern in die DDR zurückkehrt, können beide zu der Zeit nicht ahnen. – Der „Bevollmächtigte für Lehrerwerbung" Erwin Schwarzenbach wird zeitweise in ihrem Büro untergebracht. Er wirbt sie im März 1960 für das Lehrerstudium. Sie entscheidet sich „von einer Sekunde zur anderen" (20), auch weil sie Manfred in der Stadt weiß. Der bietet ihr an, bei seinen Eltern zu wohnen.

5. Manfreds Forschungen zu Kunstfaserfärbungen gehen dem Ende entgegen. Von Ritas Studium ist er nicht begeistert und hofft, sie werde „nicht durchhalten" (23). Er setzt durch, dass Rita in der Villa seiner Eltern, die für ihn ein „Lebenssarg" (24) ist, aufgenommen wird. Im April 1960 zieht sie ein; gemeinsam leben sie in Manfreds Mansarde, **märchenhaft überhöht** die „Gondel einer riesigen Schaukel" (25). Festgemacht „in der blauschwarzen Himmelskuppel" schwingt sie von den Sternen zu den Lichtern der Stadt und „auf diese hauchschmale gelbe Mondsichel zu" (25).

6. Rita nutzt den Sanatoriumsaufenthalt, um ihre Erlebnisse mit Manfred, das Ende der Beziehung und ihren Zusammenbruch (Selbstmordversuch) zu verarbeiten. Die beiden Er-

zählebenen gehen zeitweise ineinander über. – Sie begeistert sich für Claude Monets Bild *Die Mohnblumen* (26 f.), das in ihrem Sanatoriumszimmer hängt. Es kehrt leitmotivartig wieder. Sie erinnert sich an ihre Erlebnisse von Stadt und Fluss im April 1961, teils geführt von Manfred. Ein Kinobesuch erschüttert Rita und ist Hinweis darauf, wie Wirklichkeit und Kunstwirklichkeit in ihrem Denken und Fühlen ineinander übergehen, ein Vorgang, den Manfred niemals begreift.

7. Rita beginnt ihr **Praktikum im Waggonbau** bei der Tischlerbrigade Ermisch. Sie trifft auf eine Brigade, die aus zwölf Männern besteht. Rolf Meternagel und Hänschen werden ihre direkten Arbeitspartner. Die Abende sitzen Manfred und sie am „Herrfurthschen Familientisch" (35). Die Arbeit im Werk und die Abende mit Herrfurths sind ihr zwar „ein wenig viel" (39), aber die gemeinsamen Abende mit Manfred im Bodenzimmer helfen ihr, „ganz gut mit allem fertig" (39) zu werden.

8. Meternagel, der von einem Kartoffeleinsatz aus dem Norden kommt, besucht Rita im Sanatorium. Er erzählt ihr von neuen Leistungen, „zwölf Fenster pro Schicht" (40). Beide erinnern sich, wie Meternagel ihr die Brigade vorgestellt hat: „Die Brigade war ein kleiner Staat für sich." (42) Als Rita Meternagels Namen bei Herrfurths am Abendbrottisch nennt, kommt es zu einem Wutausbruch des Vaters und zur Flucht Manfreds aus der elterlichen Wohnung.

9. Manfred deutet Rita Meternagels Geschichte an: Manfreds Vater, kaufmännischer Direktor im Waggonwerk, ließ ihn, Meister im Waggonbau, über eine verworrene Abrechnung stürzen und seines Postens entheben. Manfred erklärt Rita seinen Hass auf den Vater, der die Mutter betrog, opportunistisch jeder Macht diente – 1934 SA-Mann, um 1950 SED-Genosse – und den Sohn prügelte, um seine Macht vor ande-

ren zu zeigen. Hoffte die Mutter, Manfred würde Schauspieler, so durchkreuzte er ihre Pläne und ging zur naturwissenschaftlichen Fakultät. Seither hat er sein Leben eingerichtet auf „gerade genug Exaktheit, gerade genug Phantasie" (52).

10. Mit der Brigade hat Rita eine gute Zeit. Am 20. April 1960 feiert sie mit den Waggonbauern den 5000. Wagen und mit der Brigade den 38. Geburtstag des Brigadiers Ermisch. Rita nutzt die Feier der Brigade, um sich die zwölf Männer „einmal gründlich anzusehen" (54). Wendland kommt zufällig hinzu. Er stört die Stimmung, zumal er Meternagel von der Republikflucht des Werkleiters erzählt. Wendland ist der neue Werkleiter. Wehmütige Landserseligkeit macht sich breit und zeigt, wie tief die nationalsozialistische Vergangenheit noch sitzt.

11. Die Produktion im Werk sinkt von Tag zu Tag, dadurch ist die Stimmung „angefüllt mit Gehässigkeiten und Gezänk" (60). Manfreds Mutter schätzt die Situation am genauesten ein, „der Haß schärfte ihren Blick" (63): Statt dass das Werk die Arbeit einstellt, werden Anstrengungen unternommen, „die Bedrohung abzuwenden" (63). Statt des schnellen Zusammenbruchs war „etwas Ernsthaftes geschehen" (63). Deshalb nimmt Manfreds Mutter mit ihrer Schwester in Westberlin den Briefwechsel wieder auf, erstes Zeichen, die Republikflucht vorzubereiten.

12. Rita ist in der Brigade heimisch geworden. Im Juni 1960 erfährt Rita Meternagels Geschichte von der „rückläufigen Kaderentwicklung" (64). Er zeigt ihr seine Notizen „Studien am Arbeitsplatz". Nach einer Versammlung der Waggonbauer wegen der kritischen Situation, in der Wendland dazu aufforderte, ehrlich zu arbeiten, entschließt sich Meternagel: „Jetzt mach ich mein Buch auf" (69). Rita ist von der Versammlung und Wendland so beeindruckt, dass es zwischen ihr und Manfred zu Missstimmungen kommt.

13. Rita erinnert sich an einen „Lebenshöhepunkt, Gipfel" (71), den sie mit Manfred erlebte. Sie und Manfred, der anlässlich seiner Promotion ein gebrauchtes Auto gekauft hat, fahren dem Gebirge (Harz) zu. Rita treibt Manfred zu immer höherer Geschwindigkeit, meint aber damit, immer mehr vom Leben haben zu wollen: „Sie war ihm gewachsen!" (72) Ihr Ziel ist „eine saubere Stadt am Nordrand des Harzes" (74, Wernigerode). Die besondere Situation erinnert an den Prolog: „Das Blau der Luft verflüchtigte sich in der Sonnenglut, und die Himmelskuppel wurde der Erde leicht." (74) Rita und Manfred stimmen in Liebe und Leben überein. In einer kleinen Stadt am Randes des Nordharzes (wahrscheinlich Ballenstedt, früherer Sitz der Grafen von Ascanien und Ballenstedt) erleben sie einen Festumzug (mit „verschiedenen Grafen", 75). Als sie beim Würfeln in einer „Glückssträhne" (76) sind, wundert sie das nicht, entspricht das doch ihrem eigenen Gefühl. Sogar Wiedergutmachung wird betrieben: Ritas Tante hatte einst einem Kind einen roten Luftballon verweigert, weil er für Rita bestimmt war. Nun erfüllt Rita einem Kind seinen Wunsch nach einem roten Luftballon.

14. Am Ende des Tages treffen Rita und Manfred zufällig Wendland und Rudi Schwabe, einen Schulkameraden Manfreds. Beide halten sich anlässlich des Geburtstages von Wendlands Mutter in der Stadt auf. – Wendland und Schwabe hatten Manfred „rausgehauen", als sein Kellerklub ein „politisches Oppositionszentrum" (78) sein sollte und die Lehrer Manfred „offensichtlich zu Fall bringen wollten". – Rita zwingt Manfred, mit ihr immer schneller zu tanzen, so wie sie ihn am Beginn des Tages zwang, immer schneller zu fahren. Sie ist die auf Bewegung Drängende. Gleichzeitig findet sie Gefallen an Wendland, mit dem sie eine unerwartete „Offenheit" (81) verbindet, die sich mit Geheimnissen

gegenüber Manfred verbindet („Sie hatte Manfred nicht gesagt ...", 81). Am Ende des Tages, zurückgekehrt in die Stadt, gratuliert Manfred Rita zum 20. Geburtstag.

15. Ein heißer Sommer kommt. Meternagel konfrontiert seine Arbeitskollegen mit den Ergebnissen seiner Studien, stößt erst auf Vorbehalte und Widerstand, findet aber schließlich Mitstreiter. Die Brigade wird wie früher durch Verpflichtungen berühmt. – Rita erfährt, dass Meternagel der ehemalige Schwiegervater von Wendland ist; Meternagels Tochter hat ihren Mann unter den Augen ihres Vaters betrogen. Bei Meternagels Tatendrang spielt mit, sich Wendland nach diesem väterlichen Versagen beweisen zu wollen. – Rita und Manfred erleben eine glückliche Zeit; Manfred findet nach seiner Promotion Anerkennung. Dennoch ist ein Stachel in ihm; wenn er Rita nach ihren Kollegen fragt, erkundigt er sich „meist am Schluß": „Und was macht dein Wendland?" (91) – In einem Traum von einem „sehr zerbrechlichen Kahn" (93) werden unbestimmte Gefahren deutlich. Rita wehrt sich und setzt einen „Leuchtturm" entgegen, bei dem keiner mehr „einsam untergehen" (94) muss.

16. In einer „epischen Vorwegnahme" berichtet der Erzähler vom Ende der Liebe und benutzt dafür Elemente der antiken Sage von den Liebenden an zwei Ufern (s. S. 77 dieser Erläuterung). – Rita und Manfred nehmen an einem Empfang der Stadt für die Waggonbauer teil. Rita ist aus Manfreds Sicht „die Königin des Balls" (96); beide genießen das Fest. Erst als Wendland – „Sehnsucht in den Augen" (99) – Rita um einen Tanz bittet, wird Manfred „verschlossen, fast mißtrauisch" (98). Zwar ist „weniger als nichts" (99) geschehen, aber im Grunde wird an dieser Stelle aus der Liebe zwischen Rita und Manfred ein **Dreieckskonflikt** zwischen zwei Männern und einer Frau. Der erste Kampf der Männer schließt sich auch sofort an und wird als Redegefecht um

Gewöhnung und Vernunft durchgeführt. Wenn Rita über Manfred denkt, „Wozu spreizt er sich so?" (100), hat sie die Situation als Kampf (Hahnenkampf) erkannt. Während Wendland auf die Vernunft des Menschen setzt und daraus Hoffnung ableitet, bezeichnet Manfred das als Illusion. Rita ist über das Gespräch und seinen Inhalt beunruhigt. – „Kurz danach" (102) beginnen die Ferien, die bis Mitte September 1960 dauern. Ritas Zeit im Werk ist beendet, das Studium beginnt. Beide hoffen „auf ihren zweiten Winter" (102).

17. Eine weitere epische Vorwegnahme des Erzählers gibt das Ende der Liebe an: „Einen dritten gemeinsamen Winter gab es nicht." (102) Rita fragt erinnernd danach, wer Recht behalten hat: sie oder Manfred. Auf der Suche nach einer Antwort werden ihr die Unterschiede zwischen Manfred und ihr deutlich: Er wurde bitter, sie nicht; er sah sich in einer ungünstigen Zeit, sie nicht. Er meinte, das Leben zu kennen, und bestritt ihr gleiches Wissen. – Im Oktober 1960 fühlt sich Rita im Institut für Lehrerbildung „fremd und allein" (104), ohne das genau benennen zu können. Bedrückung macht sich breit, über die sie weder sprechen will noch kann. Nur zur Mitstudentin Marion (die eigentlich Marianne heißt), einer ehemaligen Friseuse aus der kleinen Stadt, in der Rita früher gearbeitet hatte, fühlt sie sich hingezogen. Manfred macht Rita mit Martin Jung, fünf Jahre jünger als Manfred, bekannt, dessen Diplom-Arbeit er betreut: Jung will in seinem Thüringer Chemiefaserwerk die „Spinn-Jenny", eine Maschine, verbessern. Dass Manfred hier neben seinen chemischen Kenntnissen auch die Fähigkeiten eines Ingenieurs einbringt, ist nicht unlogisch[42], sondern gehört zur Konzeption, Wissenschaft und Produktion zu verbinden, so wie Kunst und Produktion verbunden werden sollten. Werksverträge der universitären Wissenschaftler wurden in dieser

42 Vgl. Stephan, S. 47

Zeit alltäglich. Die wenigen Hinweise auf Manfreds Arbeit, er experimentiert mit „Kunstfaserbüscheln" (23), bestätigen das. - Eines Abends kommt Rita verspätet von Schwarzenbach nach Hause. Sie bat ihn um Rat, denn ihr Mitstudent Mangold „schüchtert uns alle ein" (113). Er ist die Ursache für Ritas Bedrückung. Schwarzenbach erklärt ihn zum „Spießer" (114), gegen den man kämpfen müsse. Manfred rät ihr von solchem Kampf ab. Nach diesem Gespräch kehrt das Gefühl, mit ihrer Liebe über allem zu schweben, „nie mehr in seiner Reinheit zurück" (117).

18. Rita ist die vierte Woche im Sanatorium. Im Traum läuft sie eine „unheimlich lange Straße" (115) mit Wendland entlang; der Traum war bei der Beerdigung Frau Herrfurths Realität (190). - Zehn Monate zuvor besucht Wendland Manfred im Institut. Es herrscht „Waffenstillstand" (119) zwischen ihnen. Beim Mittagessen erzählt Wendland, wie er Behinderungen in der Zulieferung eigenmächtig beseitigte: Für die Planerfüllung wurde er gelobt, für die Eigenmächtigkeit gerügt. Manfred erfährt von Wendlands Strafe in Sibirien, die der Beginn seiner Umerziehung wurde.

19. Für Rita haben sich Gegenwart (Genesung) und Vergangenheit (Liebe zu Manfred) getrennt: „Die Zeiten schieben sich nicht mehr ineinander" (125). Sie kann deshalb sicher den Erinnerungen nachgehen, die sie an den entscheidenden Tag ihrer Liebe hat. Es ist der Tag, als sie wünschten, „die Uhren anzuhalten" (125), Weihnachten 1960; der Ort ist eine Abendgesellschaft bei Manfreds Professor. Die Bedeutung des Tages für Manfred lässt „keinen heimlichen Händedruck" (127) zwischen den Liebenden zu. Manfreds Kollegen erscheinen wie ein Panoptikum verzerrter Gestalten, in dem Dreißigjährige „über die Altersversorgung" (131) reden. - Manfreds Diplomand Martin Jung, der zufällig anwesend ist, teilt ihm mit, dass ihre Maschine, die Spinn-Jenny, abge-

lehnt wurde. Für Manfred ist das der Beweis, nicht gebraucht zu werden. Er hat „ein neues Gefühl von Kälte und Unantastbarkeit" (130) und tritt zu den anderen in „das Zwielicht, in dem sie sich wohlfühlten" (130). – Wendlands Freund und Manfreds Schulkamerad Rudi Schwabe, jetzt Mitarbeiter im Dekanat der Universität und damit Vertreter des Staates, wird von den Wissenschaftlern „im Kreis" wie ein „Hund" (132) herumgetrieben, „sie nutzten ihre Überzahl aus." (129)

Es ist eine **doppelte Schlüsselszene**: Einmal erkennt Rita, dass Manfreds Verhalten bisher oft Maske und Pose war. Zweitens ist es eine Schlüsselszene für die gesamte Handlung, denn die Schwierigkeiten, mit denen Lebensabsichten und Möglichkeiten der Menschen wie Rita, Manfred, Meternagel, Sigrid und andere zusammenprallen, sind nur zum Teil Folge demagogischer Verhaltensweisen wie bei Mangold. Zu einem sehr viel größeren Teil sind sie Folge vorhandener feindlicher und absichtsvoll zerstörerischer Verhaltensweisen, wie sie Manfreds Kollegen und seine Eltern praktizieren. Diese Hindernisse wurden aus der alten Gesellschaft übernommen und nicht in der neuen „aufgerichtet"[43]. Rita sieht zu dieser Zeit deutlich „die Ähnlichkeit zwischen Frau Herrfurth und Mangold ... Der gleiche blinde Eifer, die gleiche Maßlosigkeit und Ich-Bezogenheit" (146).

Während des gespenstischen Spiels konzentrieren sich Rita und Manfred nur auf sich. Es ist der Höhepunkt ihrer Liebe (132 f.), auf dem der Umschlag eintritt: Manfred sieht nur noch Hoffnungslosigkeit, Rita erkennt das „nie und nimmer" (133) an. Rita sieht erstmals den wirklichen Manfred, einen

43 Wolfgang Emmerich: *Kleine Literaturgeschichte der DDR*. Erweiterte Neuausgabe. Leipzig: Gustav Kiepenheuer Verlag, 1996, S. 206

verzweifelten, verunsicherten, verstörten und hoffnungslosen Menschen. Bisher bot er ihr „Pose" (133). Rita stellt sich, als Rudi Schwabe fast besiegt scheint, vor ihn und beendet die Auseinandersetzung. –
Manfred und Rita sprechen später nie über diesen Abend, es gibt „allmählich zu viele Dinge, über die sie nicht gründlich und rückhaltlos sprachen" (135). Der Abend misslingt. Als schließlich für einen Cocktail der Name „Verbrannte Erde" vorgeschlagen wird, ist er abrupt zu Ende. Er wird mit einem Glas Sekt beschlossen, dabei bekennt sich Manfred öffentlich zu Rita, die aber gerade darin den Bruch erkennt: „Ritas Einverständnis mit Manfred wird schwankend." (137) Eine auf niedrigerer Ebene stattfindende Parallelszene – die dümmliche Braut eines Kollegen hatte gerade einen Cocktail „Liebestrank" getauft (135) – hatte kurz zuvor alle peinlich berührt. Manfred, der mit einem Trinkspruch der Situation gerecht werden will, flüchtet sich erneut in die Pose und zitiert einen berühmten Romantitel Balzacs: „Auf unsere verlorenen Illusionen." (137)[44] Der Professor rettet die Situation mit einem Allgemeinplatz: „Auf alles, was wir lieben!" (137) – Derartige Gesellschaften einer „mörderischen Sterilität" werden von Christa Wolf mehrfach ausgestellt (*Kindheitsmuster,* S. 162). Die Szene wiederholt sich bei der Trennung der Liebenden in Westberlin (223).
20. Manfred verwindet die Niederlage nicht, fährt aber im Februar 1961 in das thüringische Werk, „das sich weigerte, ihre Maschine zu erproben" (138). Martin, der ihn auf der Reise begleitet, gibt Rita beim Abschied, als diese ihn bittet, auf Manfred aufzupassen, ein freundschaftlich-ehrliches Bild von Manfred: „Grob ist er. Er weiß nicht, wie man mit Leuten spricht. Er stößt sie vor den Kopf. Er ist überheblich. –

44 Christa Wolfs Erzählung wurde mehrfach mit Werken Balzacs verglichen: vgl. Anna Chiarloni: *Christa Wolf: Der geteilte Himmel.* In: Drescher, S. 24

Aber die Maschine ist gut." Manfred sei kein Held (140), aber für Helden gäbe es auch „keine Planstellen" (140). Während Manfreds Abwesenheit kommt Marion zu Besuch. Sie kündigt für Weihnachten 1961 ihre Hochzeit an. –
Die Gegenwartshandlung im Sanatorium nimmt nun größeren Raum ein: Rita lernt, „schneller gesund zu werden durch genaues Denken" (142), Marion besucht sie. Beide erinnern das Schicksal Sigrids: Sigrids Eltern hatten die DDR mit dem Wissen der Tochter verlassen. Als die Flucht im Institut bekannt wird, sagt Rita, „sie habe es gewußt" (144). Mangold fordert Maßnahmen gegen Sigrid und Rita. Rita sucht Hilfe bei Meternagel und Schwarzenbach, kommt aber beiden ungelegen. Sie verzweifelt, zweifelt daran, dass der Mensch gut sein könne (148), und flieht in ihr Dorf.
21. Rita findet Ruhe in ihrem Dorf und kann zunehmender Entfremdung, einem „quälenden Außer-sich-Sein" (150), begegnen, spürt andererseits große Unruhe bei den Menschen. Sie findet Neues durch die 1960 durchgesetzte Kollektivierung auf dem Lande, „so schnell prägten die neuen Züge sich nicht in die Gesichter der Menschen" (150). Das veranlasst sie, in die Stadt zurückzukehren, während Manfred unterwegs ist, sie auf dem Dorf zu suchen. – In der Versammlung, die Ritas und Sigrids Verhalten behandelt, tritt Schwarzenbach gegen den Sigrid anklagenden Mangold auf. Es gelingt ihm, allen zu helfen: „Von Strafen war nicht mehr die Rede" (155). Als Rita Manfred den Ausgang berichtet, erzählt er ihr von einem ähnlichen Erlebnis, durch das er „stumm wie ein Fisch" (156) geworden sei. Manfred hatte auf einer Konferenz an Studienbetrieb und Konformismus berechtigte Kritik geübt und diese öffentlich vorgetragen. Ein Freund hatte aus politischem Opportunismus in der Presse die Kritik als bürgerliche Irrmeinung denunziert.
22. Martin schickt Rita einen an ihn gerichteten Brief. Man-

fred hat ihn im Oktober 1961 an Martin geschrieben. Es ist die dritte epische Vorwegnahme, denn der Brief ist Ausdruck der Trennung, die in der Handlung noch nicht erfolgt ist: Die Trennung ist endgültig, der Brief wurde nach dem 13. August 1961 geschrieben, eine Rückkehr Manfreds also unmöglich; der Höhepunkt der gemeinsamen Erlebnisse Ritas und Manfreds als Erinnerung kommt aber noch. Manfred nimmt in dem Brief von Martin Abschied; er kann nicht verstehen, wie man auf „das große Aufatmen der Menschheit" (158) hoffen kann, während andererseits neue Parteitagsenthüllungen „Schauder" (158) bereiten. – Im beiliegenden Brief berichtet Martin Rita von ihrem Kampf um die Erfindung und dem Schicksal der Maschine: Das Projekt Manfreds scheiterte an den Intrigen eines Feindes. Widerstand kam von einem Braun, der bald darauf „wegging" und den Manfred auf einem der Ämter im Westen wiedertrifft (157). Nun scheint sich das Schicksal der Maschine zu ändern, denn eine Kommission interessiert sich dafür. Manfred erkrankte nach dem Scheitern des Kampfes; er las viel Heine, der mit „seinen guten Deutschen auch nicht fertig geworden" (160) sei, und trug sich mit Trennungsgedanken („… vielleicht hatte er insgeheim schon gewählt", 160). Martin wurde vom Studium ausgeschlossen, weil er in seinem Betrieb unbequeme Wahrheiten aussprach, aber im Betrieb blieb er „auf seinem Posten" (161). Manfreds Bemühungen um ihn bei Rudi Schwalbe scheiterten, er erlebte die „ganze Leier von Phrasen" (161).

23. Rita nimmt mit dem körperlich genesenen Manfred am 12. April 1961, 7 Uhr, an der Versuchsfahrt eines neuen Waggons teil; es wird für sie ein fast mythisches Erlebnis: Zuerst kommen sie an der „Schmiede" (164) vorbei, die wie die Götterschmiede des Hephaistos erscheint, dann geraten sie in eine Art Gottesdienst („Wie in der Kirche", 165); Me-

ternagel nimmt, was er noch nie tat, sein Käppi ab. Während der Fahrt erhalten sie 8 Uhr 15 *die Nachricht* vom Flug des ersten Menschen, des sowjetischen Kosmonauten Jurij Gagarin, ins Weltall. Gagarin sieht mehr als Rita und Manfred, er sieht den Himmel als ein Werdendes: „der vollkommen schwarze Himmel sah wie ein frischgepflügtes Feld aus, und die Sterne waren die Saatkörner" (170). Während in allen anderen Kapiteln Zeitangaben nur erschlossen werden können, werden sie in Anbetracht des außergewöhnlichen Ereignisses hier auf die Minute genau mitgeteilt. - Die Versuchsfahrt des neuen Waggons jedoch scheitert: Der Bremsweg war zu lang. Manfred erfährt während der Fahrt, dass sein Vater „degradiert" (174) wurde und nur noch Hauptbuchhalter ist. Das veranlasst Manfred, die gesellschaftlichen Ziele grundsätzlich in Frage zu stellen und seine spätere Entscheidung vorzubereiten; Wendland durchschaut das und fragt, wovor Manfred „diese Deckung" (176) brauche. Manfred richtet seine Angriffe gegen Wendland und Rita. In seiner Verbitterung sieht Manfred in Rita zwar einen Halt, wird aber unsicher wie sie, denn „für welche Schicksalsfälle konnte Liebe Sicherheit geben?" (177)

24. Im Mai 1961 nehmen unbestimmbare Unruhe und Bedrohung so zu, dass Rita „die Stadt ... fremd" (178) wird. Auch die Spannung bei Herrfurths wird unerträglich (178), Manfred erhofft „keine Hilfe mehr" (180) von Rita. - Nach einer Prüfung trifft sie zufällig Wendland und fährt - beobachtet von Manfred - mit ihm in ein „kleines dörfliches Lokal" (182) essen. Wendland will sich für Manfreds Maschine einsetzen. Manfred macht ihr danach eine Szene und nur mühevoll finden sie zu sich zurück, nun wissend: „Wir sind gegen nichts gefeit." (186)

25. Nach einem Chemikerkongress in Berlin verlässt Manfred Mitte Mai 1961 die DDR. Seine Mutter teilt es Rita erfreut

mit, ihr Plan ist aufgegangen. (Erst später erfährt der Leser, dass Frau Herrfurth Manfred durch zwei bestellte Leute hat abwerben lassen, 215.) Da Herr Herrfurth eine Flucht ablehnt, eskaliert die Herzkrankheit seiner Frau. Sie wird Pfingsten 1961 ins Krankenhaus gebracht und stirbt bald darauf. Wendland begleitet Rita bei der Beerdigung; er ist ihr eine Hilfe, aber sie schenkt ihm keine „Hoffnung" (192). – Ritas Weg auf dem Friedhof an der Seite Wendlands wird ihr zum Problem, dasselbe „habe ich doch schon mal erlebt" (190): Der Vorgang ist kompliziert. Rita bezieht sich auf einen Traum von Ende September 1961; den Weg bei der Beerdigung, der ihr auch als Traum erscheint, gehen sie Anfang Juli 1961. Wirklichkeit und Traum gehen in Ritas Erinnerung zeitlos ineinander über und ersetzen sich gegenseitig.

26. Rita arbeitet in den Semesterferien wieder im Waggonbau und hat mit ihrer Brigade an der Getreideernte (s. S. 73 dieser Erläuterung, Anm. zu 40) teilgenommen. Am Sonntag, dem 6. August 1961, fährt sie zu Manfred nach Berlin. Er hat ihr geschrieben und erwartet sie. Am vergangenen Abend hatte sie ein zufälliges Gespräch mit Wendland. Er sagt ihr, dass der neue Waggon nicht gebaut werde, dafür benötigte Metalle aus dem Westen seien gekündigt worden. Die Rita und Wendland persönlich wichtigen Dinge – die ihrer Beziehung – bleiben ungesagt. – Am S-Bahnschalter entscheidet sich Rita für eine Karte mit Rückfahrt, „für vierzig Pfennig hielt sie zwei verschiedene Leben in der Hand" (200). Auf dem Bahnhof Zoo trifft sie einen Reisebegleiter wieder, der soeben die DDR verlassen hat, „schlimmer hätte das alles gar nicht anfangen können, dachte sie" (201).

27. Rita sucht Manfred auf und findet ihn, in einer Querstraße zum Kurfürstendamm, bei seiner Tante in der „Vorhölle" (204). Auch sonst ist es eine mehr bedrohliche Wirk-

lichkeit, in die sie eintritt („unheimlich lautlose Sonne", „schwarzes Wolltuch für den Winter", „Trauer", 204). Manfred bestätigt das mit dem satanischen Hinweis „Die freie Welt liegt dir zu Füßen" (205). Das erinnert an die Versuchung Jesu durch den Teufel („alle Reiche der Welt und ihre Herrlichkeit ... Das alles will ich dir geben", Matthäus 4, 8 f.). Dabei schlägt es zwölf, die Stunde der Entscheidung.

28. Rita wird Anfang November aus dem Sanatorium entlassen. Schwarzenbach kommt zuletzt zu Besuch. Ihm erzählt sie von dem Besuch bei Manfred. – Manfred führt sie durch die Stadt, aber Rita findet nichts Heimisches, „keinen Park" (213). Sie erzählt ihm von Störungen im Betrieb, er ihr von seiner neuen Arbeit, in der andere ihm alle „Störungen wegorganisieren" (209). Es ist ein „windschiefes Gespräch"[45]: Man redet „über unpassende Dinge" (209) aneinander vorbei und sitzt beieinander „ohne Hoffnung" (212). Man spricht von zwei verschiedenen Ebenen aus (eine grundverschiedene „Bildungs- und Bilderwelt") miteinander.

Rita erkennt, dass diese Stadt aus „einem anderen Stoff als anderswo: aus dem Stoff fremden Lebens" (215) besteht, nicht aus „diesem seltsamen Stoff Leben" (5), der zu ihrer Stadt gehört. Als Rita Wendlands Namen nennt, hätte Manfred „sie am liebsten geschlagen" (216). Die Trennung beginnt, Manfred gibt Empfehlungen für Kleopatra.

29. Rita setzt im Sanatorium das Gespräch mit Schwarzenbach fort, der auch von eigenen Schwierigkeiten berichtet, weil er einen Aufsatz über Dogmatismus im Unterricht veröffentlicht hat. Auch Mangold hat ihn angegriffen. – Rita und Manfred trinken eine Flasche Wein, auf einen Trinkspruch verzichtet Rita. Es ist eine Parallelszene zum Abend bei Manfreds Professor (137). Als Manfred beim Abendhim-

45 So nannte Hans Mayer die Gespräche zwischen Danton und Robespierre in Georg Büchners *Dantons Tod*. Vgl. Hans Mayer: *Außenseiter*. Frankfurt a. M.: Suhrkamp Verlag, 1975, S. 347

mel, auf einem Platz „fernab vom Verkehr" (223), den ungeteilten Himmel für sie in Anspruch nimmt – ein Höhepunkt der Farbsymbolik (223) –, antwortet Rita: „Der Himmel teilt sich zuallererst." (223) Denn der Himmel ist für sie Symbol für „Hoffnung und Sehnsucht, ... Liebe und Trauer" (223). Sie trennen sich, Rita fährt in ihre Stadt zurück.

30. Rita kehrt aus dem Sanatorium in die Stadt zurück und bezieht wieder das Zimmer bei Manfreds Vater. Sie gesteht sich ein, Selbstmord versucht zu haben (227). Von Herrfurth erfährt sie, Meternagel sei wieder Meister, aber im Krankenwagen aus dem Betrieb gebracht worden. Nun ruft Meternagel sie zu sich. Für Herrfurth, der sich „seinen Kummer von der Seele" (230) redet, ist die Rückkehr Ritas aus Berlin ein Rätsel. Über Schwabe weiß Herrfurth, dass er Manfreds wegen „Schwierigkeiten" (230) bekommen habe. – Vor ihrer Reise nach Berlin erlebt Rita einen merkwürdigen Wettkampf in der Brigade: Kuhl, der ehemalige Wehrmacht-Leutnant, provoziert Meternagel durch hohe Leistungen; der bleibt aber Sieger, weil er Kuhl als Beispiel nimmt: Die Brigade wird mehr leisten. Nun, acht Wochen später, besucht sie Meternagel; er ist schwer erkrankt, Meister wird er nicht mehr sein können. Meternagels Frau erzählt von einem entsagungsvollen Leben, das sie an der Seite Meternagels geführt hat. Mit der Erinnerung daran, wo Menschen wie Meternagel aufgebrochen sind und dass sie in ihrer Opferbereitschaft Erfüllung finden, enden Binnenhandlung und Rahmenhandlung.

Ein **Epilog** benennt Ritas Neuanfänge: „der erste Tag ihrer neuen Freiheit" (238) und Bewegungen („Straßen", „Leute kommen", „Umweg durch die Straßen"). Rita hat wieder zu sich gefunden und „hat keine Angst" (238) mehr. Sie wird wie das erzählende Wir „aus dem vollen leben, als gäbe es übergenug von diesem seltsamen Stoff Leben" (238). Ein Ahnung bleibt, dass es für sie mit Wendland ein neues Leben gibt: „Sie hat keine Angst, daß sie leer ausgehen könnte beim Verteilen der Freundlichkeit." (238)

2.3 Aufbau

Keine chronologisch erzählte Geschichte

Die **Erzählung ist gegliedert** in 30 Kapitel, einen Prolog und einen Epilog. Die Kapitel sind unterschiedlich lang. Aus dieser Gliederung ist nicht zu schließen, dass es sich um eine traditionell chronologisch erzählte Geschichte handelt. Die Handlung umfasst drei Zeiträume:
1. vom Sommer 1959 bis Ende Oktober 1961: die Liebe zwischen Manfred und Rita bis zu Manfreds Brief an Martin als Abschluss; die Liebe ereignet sich in einer Zeit bedeutender weltpolitischer und ökonomischer Vorgänge, die reflektiert werden;
2. von Ende August 1961 bis Anfang November 1961: Ritas Genesung im Sanatorium, die zur Reflexion der Liebe dient;
3. vom Zweiten Weltkrieg (1939–45) bis 1959: die prägenden Erlebnisse Herbert Kuhls (233), Meternagels und Wendlands im Krieg, Manfreds in Jungvolk und Hitlerjugend, Flucht und Vertreibung im Leben Ritas, der Antifaschismus der Nachkriegszeit. Faschistisches Denken zeigt sich in Details gegenwärtig (Landserlieder, 56; „Verbrannte Erde", 136).

Diese drei Zeiträume und Handlungsstränge werden nicht chronologisch oder parallel erzählt, sondern als gegenseitige Bedingung und Folge miteinander verzahnt. Um den daraus entstehenden Erzählstrom zu bändigen, setzte die Autorin vielfältige Mittel ein.

Retrospektives Erzählen

Der besondere Einfall beim *Geteilten Himmel* war, die Geschichte einer tragischen Liebe von ihrem Ende her zu erzählen. Damit wird das Interesse vom „Was geschieht?" auf das „Warum geschieht es?" gelenkt. Dieses retrospektive Erzählen hat Auswirkungen auf den Ablauf: Erstens konzentriert sich vom Beginn an alles auf die „Heldin" und ihr Schicksal, die damit erzählerisches Übergewicht bekommt; der erste Satz im 1. Kapitel des *Geteilten Himmel* ist dafür bezeichnend: Der historisch informierte Leser weiß um die Brisanz des August 1961; das Krankenzimmer assoziiert Leid und weckt Interesse; die Einführung des „Mädchens Rita Seidel" (6) nennt nicht nur die Hauptfigur, sondern ruft eine Art Beschützerhaltung auf und assoziiert Voraussetzungslosigkeit, fast Unberührtheit. Zweitens öffnet sich ein solches Erzählen, das in Kriminalromanen häufig verwendet wird, für soziale, psychologische und moralische Ursachensuche; es neigt zu Reflexion, Sentenz und zum Moralisieren. Drittens wird die Identifikationsbereitschaft mit der „Heldin", die in solchem Erzählen oft auch die „Schuldige" ist, stärker aufgebaut als die zu anderen Gestalten.

Autobiografische Entsprechungen

Das hängt mit autobiografischen Entsprechungen der Biografie Rita Seidels zu der Christa Wolfs zusammen, für ihre Generation war Christa Wolf wesentlich, dass sie sich „mit niemandem identifizieren"[46] konnte.

Auch die **Konflikte, die als Konfliktbündel** erscheinen, werden ausschließlich an Rita gebunden. Fast gleichzeitig hat sie drei grundsätzliche Begegnungen, die ihr ruhiges Leben auf dem Dorf und in der Kleinstadt verändern und die Konflikte auslösen: Die Begegnung mit Manfred bringt das Liebeserlebnis, die Begegnung mit Schwarzenbach das Bildungserlebnis und die Entscheidung für das Studium das Produktionserlebnis. Jedes dieser Erlebnisse wird an dem für Rita entstehenden Konfliktbündel beteiligt und vom Erzähler mit einem Bewegungselement versehen. Die Liebe erlebt einen Höhepunkt bei einer rasanten Autofahrt mit Manfred (71 ff.), das Produktionserlebnis bei einer nicht optimal verlaufenden Versuchsfahrt mit dem Leichtbauwagen (166 ff.)

46 *Gespräch mit Christa Wolf.* In: Hörnigk, S. 12

und das Bildungserlebnis erscheint als widersprüchlich bei Ritas Fahrt nach Berlin (197 ff.). Nach der Lösung des Konfliktbündels, Rita hat sich gegen die Liebe, für das Land und die Produktion, für die Bildung entschieden, bleibt für sie ein gefährlicher Restkonflikt, der wiederum durch Bewegung, diesmal eine tödliche, gelöst werden soll, die beiden für den Selbstmordversuch gewählten Waggons (6).

Strukturierende Bestandteile des Aufbaus

Es folgen einzelne strukturierende Bestandteile des Aufbaus. Die Erstausgabe kennzeichnete wichtige Begriffe durch **Versalien:** DIE STADT (Prolog), FÜNFTAUSEND (10. Kapitel), DIE NACHRICHT (mehrfach im 23. Kapitel) und DER TAG (Epilog), außerdem Wandzeitungs- und Tagebuchtexte (WAGGONBAUER ..., 7. Kapitel, DIE TÜCHTIGEN ZWÖLF, 7. Kapitel) und Liedtitel (DAS SOLLST ..., 7. Kapitel, GLÜCKLICH IST ...). Die Hervorhebungen spielen in späteren Werken Christa Wolfs eine Rolle. Der Untertitel von *Störfall* heißt „Nachrichten eines Tages" und die entscheidende Nachricht, der Unglücksfall im Atomkraftwerk von Tschernobyl, wird ebenfalls in Versalien in DIE NACHRICHT verschlüsselt.[47] Hier zitiert sich Christa Wolf drucktechnisch selbst.

Der **Erzählbeginn** und die damit erkennbar werdende Erzählstrategie lässt Christa Wolfs Neigung zu Theodor Storm erkennen. Ihre Christa T. (aus *Nachdenken über Christa T.*) hatte 1954 die Examensarbeit über den Erzähler Theodor Storm geschrieben. Wie dieser in seiner Novelle *Der Schimmelreiter* kleidete Christa Wolf ihren *Geteilten Himmel* in einen Rahmen:

Rahmen durch Prolog und Epilog

- Prolog und Epilog werden nicht als Kapitel ausgewiesen und sind teilweise identisch;

47 Christa Wolf: *Störfall. Nachrichten eines Tages.* Berlin und Weimar: Aufbau-Verlag, 1987, S. 11

- Das Kapitel 1 beschreibt in einer präsentisch (gegenwärtig) mitgeteilten Rahmenhandlung Rita Seidels Unfall. Im Kapitel 30 wechseln die Erzählzeiten zwischen dem Vergangenen, das präterital erzählt wird (225, 231 ff.), und dem Gegenwärtigen im Präsens, der Rückkehr nach ihrer Genesung (226, 235 ff);
- Die Kapitel 2 bis 29 enthalten die häufig im Imperfekt geschriebene Erzählung, in die die präsentische Rahmenhandlung hineinreicht. Gegen Ende dominiert das Präsens (S. 226 ff.) immer mehr, um zu zeigen, wie die Vergangenheit von Rita überwunden wird. Eine Besonderheit bildet das Kap. 19: Als die Situation eskaliert, die unbewältigte faschistische Vergangenheit als Bonmot aufbricht, Rita den Zusammenbruch ihrer Liebe erstmals ahnt, wird die vergangene Handlung präsentisch erzählt (135–137) und reicht in die Genesung Ritas hinein. Die Erzählung vollzieht sich so auf zwei Ebenen: Die Vergangenheit wird – vorwiegend – präterital erzählt, die Gegenwart im Präsens mitgeteilt. Mit Erstaunen nahmen westdeutsche Kritiker diese Wechsel zur Kenntnis: Christa Wolf bediene sich, „linkisch zwar, doch ziemlich entschieden einiger Darstellungsmittel des modernen westlichen Romans"[48]. Das Urteil steht für viele, in denen bestimmte formale Mittel an ideologischen und politischen Standpunkten festgemacht wurden, während sich Schriftsteller wie Christa Wolf, als eine von vielen in der DDR, dieser Mittel bedienten, ohne eine politische Prägung in ihnen zu sehen. Die Mittel waren nicht so neu, wie Reich-Ranicki glaubte. Sie stammten von Georg Büchner, den Christa Wolf nicht nur genau kannte und verehrte, sondern den sie spätestens durch das Buch *Georg Büchner und seine Zeit* (1959, neu und

Zwei Erzählebenen

Rückgriff auf Georg Büchner

48 Marcel Reich-Ranicki: *Eine unruhige Elegie.* In: ders.: Entgegnung. Zur Literatur der siebziger Jahre. Stuttgart: Deutsche Verlagsanstalt, 1979, S. 203

erweitert) ihres akademischen Lehrers Hans Mayer kennen gelernt hatte: Georg Büchner bildete für sie „den Anfang und, das kann man unbesorgt sagen, einen Höhepunkt der modernen deutschen Prosa"[49]. Sie begründete das damit, dass der Dichter seine Lebenskonflikte „dazugetan" habe. Das trifft auf *Der geteilte Himmel* zu. Sie fand eine der folgenreichsten Erklärungen für den Zusammenhang von Form und Inhalt in der Prosa:

Zusammenhang von Form und Inhalt

> *„Nur soll man nicht weiterhin, wie Büchners Mit- und Nachwelt, seine Entdeckung übersehen: daß der erzählerische Raum vier Dimensionen hat; die drei fiktiven Koordinaten der erfundenen Figuren und die vierte, ‚wirkliche' des Erzählers. Das ist die Koordinate der Tiefe, der Zeitgenossenschaft, des unvermeidlichen Engagements, die nicht nur die Wahl des Stoffes, sondern auch seine Färbung bestimmt."*[50]

Sachlich, aber diskret wurden so Kritikern wie Reich-Ranicki ihre Grenzen gezeigt. Reich-Ranicki fand nie Zugang zu Christa Wolf und unterstellte ihr schon 1987 bescheidene „künstlerische und intellektuelle Möglichkeiten".[51] Es wundert nicht, dass er die Schriftstellerin 2002 in einem Gespräch mit der Tageszeitung *Die Welt* als „weit überbewertet" und ihr seiner Ansicht nach wichtigstes Buch *Nachdenken über Christa T.* für ganz und gar überlebt hielt, für das er einmal das Bonmot „Christa T. stirbt an Leukämie, aber sie leidet an der DDR" geprägt hatte.

49 Christa Wolf: *Lesen und Schreiben*. In: dies.: Die Dimension des Autors, Bd. 2, Berlin und Weimar: Aufbau-Verlag, 1986, S. 30

50 Ebd., S. 31

51 Vgl. Thomas Anz (Hrsg.): *Es geht nicht um Christa Wolf*, Der Literaturstreit im vereinten Deutschland. Frankfurt a. M.: Fischer Taschenbuch Verlag, 1995 (Erstdruck 1991 bei edition spangenberg), S. 35 und Magenau, S. 11

Ein **Prolog** eröffnet den *Geteilten Himmel* wie auch spätere Werke Christa Wolfs wie *Kein Ort. Nirgends* und *Medea.* Das Wort „Himmel", vom Titel eingeführt, wird bevorzugt eingesetzt und bildet ein variantenreiches Raster, das sich über den Text legt. Die Verwendung des Wortes „Himmel" im Prolog erinnert an eines der berühmtesten Gedichte Johannes R. Bechers *Deutschland, meine Trauer,* in dem es heißt: „Himmel, du mein blauer". Daran wird man sich erinnern müssen, wenn andere Bezüge auf Becher in der Erzählung durchscheinen.
Die Himmelsmetapher signalisiert

Die Himmelsmetapher

> *„wie in fast allen Prosawerken Christa Wolfs ... schon im ersten Absatz des Textes einen Bezugspunkt für den einzelnen Menschen. Sie ist Sinnbild für einen bestimmten Gefühls- und Stimmungswert, für die Unendlichkeit und die Begrenzung des Raumes, in dem die Geschichte der Gesellschaft und die Lebensläufe der einzelnen Menschen sich vollziehen."*[52]

Das verunsicherte und sich wieder fangende Erzähl-Wir erinnert an bekannte Eröffnungen bei Christa Wolf. – Dem Prolog entspricht ein ebenfalls nicht als gesondertes Kapitel ausgewiesener **Epilog,** der ähnlich mythisch wirkt, nun aber nur noch auf den Menschen und speziell auf Rita Seidel bezogen wird. Der Epilog endet mit annähernd den gleichen Worten wie der Prolog.

Der Binnentext

Der Binnentext besteht aus zwei Teilen. Ein Erzählrahmen ist in personaler Erzählsituation (Erzählerbericht, erlebte Rede wie „ihre

52 Therese Hörnigk: *Ein Buch des Erinnerns, das zum Nachdenken anregte. Christa Wolfs „Nachdenken über Christa T.".* In: Inge Münz-Koenen (Hrsg.): Werke und Wirkungen. DDR-Literatur in der Diskussion. Leipzig: Verlag Philipp Reclam jun., 1987, S. 183

Geschichte ist banal, denkt sie", 8, oder „soviel Rita auch darüber nachdenkt ...", 27) und vorwiegend in der Gegenwart geschrieben. Bei Übergängen von einem Teil zum anderen wurde zwischen Imperfekt und Präsens variiert (S. 26, 225 f.). Der Erzählrahmen umfasst die Kapitel 1 und 30. Die Erzählung, die Kapitel 2–29, wird teilweise auktorial mitgeteilt, das heißt, die Ereignisse sind einem **Erzähler** bekannt, aber er zeigt sich nicht durchgängig „auktorial" informiert, sondern beschränkt sich manchmal auf Fragen (26) und bekommt Antworten aus Ritas Perspektive[53], die allerdings nur selten zu finden ist (Das Lächeln „blieb zwischen uns als geheimes, wunderbares Signal", 26). Dadurch kommt es zu Einbrüchen des personalen Erzählens in die Binnenhandlung. Die Übergänge zwischen den beiden Erzählsträngen – die Liebe Ritas und Manfreds, Ritas Genesung – machen die Zusammengehörigkeit deutlich. Der Leser muss die wechselnden Erzählsituationen mit unterschiedlichen Erzähler-Figuren verbinden. –

Einfluss von Märchen und Mythen

Schließlich werden wie in der *Moskauer Novelle* Märchen betont, damit die Grenze zwischen Ritas Wünschen und Ritas Erlebnissen fließend wird. Farben wie „grün" als Zeichen der Hoffnung, das sollte bis zu *Was bleibt* eine leitmotivisch wirkende Farbe bleiben, und Zahlen mit symbolischem Gehalt, „drei" und „zwölf", werden systematisch verwendet; die Zwölf erscheint als Zahl der Harmonie.

Im *Geteilten Himmel* vertraut Christa Wolf der Fabel, einer Liebesgeschichte und deren Eindringlichkeit, und legt ihr ökonomische, bildungspolitische, nationale und philosophi-

53 Die Geschichte wird nicht, wie Emmerich behauptet, „aus der Perspektive Ritas" erzählt, sondern nur einzelne Abschnitte der Geschichte. Vgl. Wolfgang Emmerich: *Kleine Literaturgeschichte der DDR*. Erweiterte Neuausgabe. Leipzig: Gustav Kiepenheuer Verlag, 1996, S. 206. Dem gleichen Irrtum unterliegt Anna Chiarloni: *Christa Wolf. Der geteilte Himmel.* In: Drescher, S. 26

sche Bezüge auf. Das aus der *Moskauer Novelle* bekannte Reservoir aus Märchen, Volksliedern wie *Ännchen von Tharau,* Bibel und Goethe wird mit einer mythisch geprägten Grundsituation, der von Hero und Leander, verbunden. Kein Name wird erwähnt, dennoch ist die Geschichte erkennbar. Die Trennung der Liebenden Rita und Manfred wird in ein mythisches Geschehen gesteigert, das Liebende bedroht, wenn sie sich alles beherrschenden Mächten widersetzen.

Den Text überzieht ein dichtes **Geflecht von Zahlen, Symbolen und Motiven**. Es erhöht die „banale" Geschichte (8) zur Literatur und das Geschehen in ihr ins Mythische. Auffallend sind Symbole, die Bewegung betreffen (Straße, Waggons, Schiene, Zug, Weltraumflug usw.), Wassermotive (bittere Wasser, das kalte Wasser der Pumpe, Fluss, Boot, Leuchtturm, Insel – auf einem „Inselchen" nehmen Rita und Manfred Abschied, 224, usw.) und die Himmelsmotive (Himmel, Horizont, „Himmelsblau durch Wolkenrisse", 168). Wasser als Symbol für Leben und Gefahr, Himmel als Symbol für Erfüllung und Zukunft führen durch den Text. Dazu gehören Zitatmontagen, Versalien, Zahlen- (drei, zwölf) und Farbsymbole (grün, braun, blau), Zählvorgänge usw. Das Geflecht ist dichter beim Aufbau der Handlung und des Konfliktes (5–83; Prolog, Kap. 1–14) als bei der Konfliktlösung (115–238; Kap. 18–30, Epilog). Am Ende der Erzählung werden Einzelsymbole durch das Gesamtsymbol einer geradezu höllisch anmutenden Stadt ersetzt: Hitze, ohne Grün, mit einem „ausgeblichenen, faden Sommernachmittagshimmel" (218). Das entspricht nicht dem realen Berlin (West), sondern dem Bild der Stadt in Ritas Kopf, das zu ihrer Entscheidung gehört.

Auffallend sind **Parallelszenen**, die sich gegenseitig erklären und auch aufheben, so Prolog und Epilog, die Stadt zu Beginn und die „andere" Stadt am Ende, die zwei Spiegelszenen u. a. Auf diese Parallelszenen wird in den sachlichen Erläuterungen hingewiesen.

Die **Mitte der Erzählung** bilden drei Kapitel (Kap. 15–17, 83–114), in denen die Sage von Hero und Leander zitiert, variiert und wiederholt wird. Eine beispielhafte Komposition entsteht durch eine **architektonische Klimax** (griech.: Leiter, bedeutet: Steigerung). Zuerst wird Zukünftiges angedeutet (83): „Damals konnte keiner ahnen", damit ist feindlich-gefährliches Wetter gemeint, das aber symbolische Bedeutung bekommt. Dann artikuliert sich der Erzähler bei epischen Vorwegnahmen des Geschehens: 16. Kapitel (94): „Neun Monate später war das Boot untergegangen." 17. Kapitel (102): „Einen dritten gemeinsamen Winter gab es nicht." 22. Kapitel (157 f.): Rita erhält einen Brief Manfreds an Martin aus der Zeit nach der Trennung, obwohl in der Handlung die Trennung noch aussteht. Diese Vorwegnahmen reichen von einem mehrdeutigen symbolischen Bild über eine zeitlich präzise Trennung zu einer grundsätzlichen Bestimmung unterschiedlicher Lebenswege. Dagegengesetzt ist der Genesungsprozess Ritas, der innerhalb der epischen Vorwegnahmen einen Höhepunkt erreicht und diese relativiert: Das dritte (18.) Kapitel des Mittelteils stellt eine gesundende Rita vor; die Krankheit hat „keinen Sinn mehr" und „ist auch nicht mehr nötig" (116).

Epische Vorwegnahmen des Geschehen

Der Aufbau folgt einem sozialethischen Programm: Seit 1959 wurde in der DDR auf die unmittelbare Beziehung zwischen Kunst / Bildung und Produktion großer Wert gelegt. Das wirkte sich in der Bildungspolitik – Studenten mussten betriebliche Erfahrungen sammeln – und in der Kulturpolitik – Schriftsteller gingen in Betriebe und leiteten „Zirkel schreibender Arbeiter" an – aus. Christa Wolf leiste-

Der Aufbau der Erzählung als soziales ethisches Programm

te beides im Waggonbau Ammendorf. Die Erzählung folgt beiden Aufträgen: Rita geht im ersten Teil in eine Brigade und nimmt am Produktionsprozess erst beobachtend, dann mitgestaltend teil (Kap. 7–16). Äußeres Zeichen ist, dass sie auf dem Brigadebild „in die erste Reihe geschoben" (88) wird. Danach nimmt Rita ihr Studium auf und kann dort ihre bisherigen Erfahrungen einbringen (Kap. 17–26). Gefährdet wurde dieses ethische Programm durch Verhältnisse, die in beiden Bereichen – Produktion und Bildung – gleichermaßen herrschten: eine ungenügend bewältigte Vergangenheit, Bürokratie, Spießertum, Selbstgenügsamkeit und mangelnde Einsatzbereitschaft. Diese Erscheinungen waren nicht spezifisch für die DDR, sondern wirkten unabhängig und auch außerhalb von ihr bis in die Gegenwart.

2.4 Personenkonstellationen und Charakteristiken

Die Frau als Hauptgestalt bei Christa Wolf

Christa Wolfs Hauptgestalten sind Frauen; Männer sind in der Regel nur durch die Frauen in den Texten lebensfähig. Das führt zu veränderten und wenig tradierten Vorstellungen, am deutlichsten wird das in Texten wie *Kein Ort. Nirgends,* in dem der bekannte Heinrich von Kleist im Schatten der wenig bekannten Karoline von Günderrode steht. Aber auch Manfred Herrfurth als promovierter Chemiker und Sohn eines kaufmännischen Direktors könnte erhöhte Aufmerksamkeit erhalten. Dem ist aber nicht so. Die Frauen werden darüber hinaus bei Christa Wolf stigmatisiert (mit herausragenden Merkmalen versehen): Rita Seidel erwacht aus langer Ohnmacht, das Erwachen erscheint als Wiedergeburt („wie sie die Augen aufschlägt ..., die saubere weiße Wand, auf die sie zuerst sieht", 6).

Rita Seidel

wurde 1940 als Tochter eines Porzellanmalers geboren, 1945 musste sie mit ihrer Mutter - der Vater war vermisst - ihre böhmische Heimat verlassen. Bei einer Tante fanden sie Aufnahme; dort wuchs Rita auf. Mit 17 verließ sie die Schule und arbeitete bei einer Versicherung, um für ihre kranke Mutter zu sorgen. Zwar lebte sie in einem Land voller „Aufbruchstimmung" (13), aber sie hatte daran keinen Anteil und bedauerte das. Deshalb wird sie Studentin und arbeitet während der Ferien im Waggonbau. - Sie gilt als „anhänglich und aufgeschlossen", „jedermann glaubte sie zu kennen" (12). Ihre besonderen Gaben sind ihre Empfindsamkeit für Stimmungen und Gefühle, aber auch ihr Vermögen zu instinktiv richtigen Entscheidungen. Sie reagiert sensibel auf Natur, Kunst und

Charakterzüge und Entwicklung

Menschen, die für sie eine Einheit sind. Natur ist für sie eine komplexe Erscheinung: „Rotdachige Häuser in kleinen Gruppen, dazu Wald und Wiese und Feld und Himmel in dem richtigen Gleichgewicht." (9) Kunst ist durch unmittelbare Wirkung, nicht durch historische Bedeutung für sie wichtig: Sie empfindet die gemalte Flüchtigkeit des Augenblicks („Sie merkt dann, daß das Bild sich bei jedem Tageslicht verändert, und das gefällt ihr.", 27), ohne den Maler (Claude Monet) oder den Bildtitel (*Die Mohnblumen*) zu kennen. – Kunst (hier: Film) wird für sie zum sozialen Erlebnis, wenn Menschenschicksale für sie nachvollziehbar werden; auch dann sind Titel und Künstler zweitrangig und werden nicht genannt: „Manfred sah, daß Ritas Gesicht von Tränen naß war...", 31). Zu Anfang ist sie im wahrsten Sinn des Wortes ein unbeschriebenes Blatt – „ihr ganzes Leben (ließ) sich auf einer halben Seite unterbringen", 21 –, aber das ist ihr Anlass, das Leben ereignisreicher, also sinnvoller zu gestalten. Sie hat einen der bemerkenswertesten Einfälle des Textes: „Jedes Jahr, dachte sie, müßte man seinem Lebenslauf wenigstens einen Satz hinzufügen können, der das Aufschreiben wert ist." (21) Die Liebe zu Manfred bringt sie in eine tragische Situation, die sie nur durch Selbstmord zu lösen glaubt. Als sie gerettet wird, bleibt die Hoffnung auf ein verständiges, liebevolles Miteinander mit dem geschiedenen Wendland, ohne dass das ein Ersatz für ihre Liebe zu Manfred wäre.

Manfred Herrfurth,
Jahrgang 1930, ist Sohn gutbürgerlicher Eltern, von denen er sich aber distanziert, weil sie sich immer den Bedingungen angepasst haben und uneingeschränkt Opportunisten sind. Seinen Vater verachtet er als „deutschen Mann" (16), der im 1. Weltkrieg für den 2. vorgesorgt hatte, indem er ein Auge

verlor: „So macht er's noch heute: Opfere ein Auge, behalt das Leben." (16) Der Vater ist ein „deutscher Mitläufer. Eine Überzeugung hat er nie gehabt." (50) Manfred ist dadurch hart und unnahbar geworden. Den Beruf wählte er als Protest gegen die Mutter, die ihn als Schauspieler sehen wollte. Seine Leidenschaft gehört den exakten Naturwissenschaften, die der Phantasie nur einen beschränkten Freiraum bieten: „Gerade genug Exaktheit, gerade genug Phantasie." (52) In dieser Mischung genießt er die ihm fremde Sensibilität Ritas. Er ist charakterlich und mental ihr Gegenteil. Durch seine Familie und seine Kindheit im Nationalsozialismus ist er illusionslos und gleichgültig gegenüber anderen Menschen geworden. Der „Chemiedoktor" (7) verlässt im Februar 1961 die DDR. – Manfreds Schwierigkeiten im Umgang mit Menschen zeigen sich in seinen Kommunikationsproblemen, die ihn im Umgang mit Rita zahlreiche sprachliche Versatzstücke verwenden lassen (73). Zwischen ihm und Rita verläuft eine Trennlinie, die Christa Wolf schon in ihrem Erstling *Moskauer Novelle* beschrieben hatte: Mit den Zwanzigjährigen beginne eine neue Generation, den „heute Dreißigjährigen habe die Erfahrung manche Illusion bis auf den Grund zerstört; gegen gewisse Einflüsse seien sie für immer immun. Die Jüngeren aber, mit ihren Fragen, mit ihren besonderen Erfahrungen, müsse man ernstnehmen."[54] Der Satz wurde im *Geteilten Himmel* von Manfred variiert: „Irgendwo zwischen ihr und mir fängt die neue Generation an." (49) Manfred wurde aber auch ein Stereotyp für Christa Wolfs Bild vom Mann: In einem berühmten Essay über die Beziehungen von Mann und Frau berichtete sie von einer Frau, die ihren Traumberuf gefunden hatte, Chemikerin, und dort alles erreicht

Sein Verhältnis zu Rita

Stereotyp

54 Christa Wolf: *Moskauer Novelle*. Halle: Mitteldeutscher Verlag, 1961, S. 51 f.

habe: „Und nun, sagte sie: Diese Kälte. Diese Leere."[55] – Für Manfreds Weggang gibt es vier Gründe: Er erkennt am Beispiel seiner Familie, dass Opportunisten nach wie vor und in jedem Gesellschaftssystem mitbestimmen und besonders durch Bürokratie schädigen; er kann sich nicht als dominierender Mann in der Partnerschaft durchsetzen; seiner Meinung nach ist die sozialistische Revolutionstheorie falsch und damit die Sozialismuskonzeption samt ihres Menschenbildes; dort, wo bereits Individualismus gelebt werden kann, haben gesellschaftliche Gemeinschaftsentwürfe nichts zu suchen.

Erwin Schwarzenbach

stammt aus einer Arbeiterfamilie. Er war so begeistert vom Nationalsozialismus, dass er in den „Werwolf" (s. S. 82 dieser Erläuterung) gehen wollte. Seit er seinen Fehler erkannt hat, schätzt er „Nachsicht, Geduld" (155). Er begegnet Rita als „Bevollmächtigter für Lehrerwerbung". Um den Nachwuchs an Lehrern zu sichern, wurde auch außerhalb der Oberschulen (später EOS, heute: Gymnasien) für das Lehrerstudium geworben. Am Institut für Lehrerbildung unterrichtet er Geschichte. Er ist mit einer Lehrerin verheiratet und hat zwei Kinder. Er wird nach Ritas Eintritt in das Institut (110) für die Handlung wieder wichtig, als er zu ihrem Ratgeber wird und das angestrebte Bild einer sozialistischen Gesellschaft entwirft, das er auch selbst lebt. Er muss erkennen, dass in der Wirklichkeit für dieses Bild (noch) kein Platz ist und die Dogmatik, vereint mit Bürokratie, einen wirklichen Sozialismus verhindert.

55 Christa Wolf: *Krankheit und Liebesentzug* (1984). In: dies.: Die Dimension des Autors. Bd. 2, Berlin und Weimar: Aufbau-Verlag, 1986, S. 287

Rolf Meternagel,
ein Tischler, geboren 1912, ist für Rita der entscheidende Lehrer. Er ist verheiratet, seine Frau bleibt „unauffällig" im Hintergrund (67); sie führt an seiner Seite ein entsagungsvolles Leben. Sein Leben spiegelt die wechselvolle Geschichte der deutschen Arbeiterschaft wider. Nachdem er im Faschismus objektiv versagt hat, „mitmarschiert" (65) ist, dann drei Jahre in Gefangenschaft war, trat er aus ehrlicher Grundhaltung 1948 in die SED ein. Dann wurde er Instrukteur und setzte sich für eine andere und ehrliche Gesellschaft ein. Er übernimmt sich, weil er keine Zeit zum Lernen, nur zum Agieren hat. Es kommt zu Fehlschlägen und „einer schweren Unterlassung" (66). Er wird als Meister in den Waggonbau strafversetzt. Dort kommt es zur „zweiten Degradierung" (66), weil seine Kollegen ihm falsche Abrechnungen unterschieben, die er unterschreibt. Dennoch verzweifelt er nicht und behält seinen unerschütterlichen Glauben an eine erfüllte Zukunft. Insgeheim gilt er als der eigentliche Brigadier (80). Er beeindruckt Rita, weil er „einen schweren Packen auf sich genommen, von niemandem gezwungen, nicht nach Lohn fragend" (84) seinen Kampf begonnen hatte. Den Wunsch, „aus dem vollen zu leben", wie man ihm unterstellte, hatte gerade er noch nicht.[56] Das wollte er der nächsten Generation, den Ritas und Wendlands, überlassen. Er wird asketisch gezeichnet, nicht nur als Mensch, sondern auch in seinen Lebensbedingungen.

Keine Identifikationsfigur

Er trägt Züge eines säkularisierten Jesu und eignet sich nicht als Identifikationsfigur: Er ist wie Jesus Tischler / Zimmermann, wird als „Meister" angesprochen, er bewegt sich in ähnlichen Beziehungen usw.[57] Für Rita ist er die Typisierung eines neuen

56 Vgl. Anna Chiarloni: *Christa Wolf. Der geteilte Himmel*. In: Drescher, S. 29

57 Vgl. dazu: Gisela Hansen: *Christliches Erbe in der DDR-Literatur*. Bibelrezeption und Verwendung religiöser Sprache im Werk Erwin Strittmatters und in ausgewählten Texten Christa Wolfs. (Beiträge zur Literatur und Literaturwissenschaft des 20. Jahrhunderts. Hrsg. von Eberhard Mannack, Bd. 14) Frankfurt a. M., Berlin, Bern, New York, Paris, Wien, 1995, S. 194 f.

Menschenbildes. In der Personenkonstellation der Erzählung ist er der Gegenpol zu den Herrfurths, insbesondere zum Vater. Während diese sich in der Gesellschaft in eine Art Refugium zurückziehen, sucht Meternagel die Öffentlichkeit: Er dient der Allgemeinheit, selbstlos, bis zum Zusammenbruch. Er steht für das stille Heldentum, das seine Kraft so einsetzt, als wäre sie unerschöpflich, dabei nie seine Vorteile berechnend, sondern immer selbstlos in den Zentren des Notwendigen wirkt. Für ihn ist normal, „was uns nützt, was unsereinen zum Menschen macht. Unnormal ist, was uns zu Arschkriechern, Betrügern und Marschierern macht, die wir lange genug gewesen sind." (86) – Am Ende ist er krank und bekommt Züge eines Märtyrers. „‚Ich weiß schon', sagt sie still. ‚Er muß so sein, wie er ist.'" (237)

Ernst Wendland,
etwa Jahrgang 1928, ist Produktions- dann, nachdem sein Vorgänger die DDR verlassen hat, Werkleiter des Waggonbau-Werkes. Er tritt früh in die Handlung der Erzählung ein, „ein Mann mit einem Rosenstrauß" (7). Seinen Namen erfährt der Leser erst im 10. Kapitel. Er erscheint Rita jung, obwohl älter als Manfred, und anfangs „überhaupt zu unscheinbar" (56). Er ist kräftig, „etwas blaß, mit blondem, glattem Haar" (56). Am Ende des Zweiten Weltrieges war er Luftwaffenhelfer. Als eine sowjetische Patrouille bei ihm eine Pistole fand, die er aus dem Straßengraben „aufgesammelt" (124) hatte, wurde er drei Jahre nach Sibirien in den Bergbau geschickt. In der Antifa-Schule begann sein Umerziehungsprozess, der ihn in die FDJ und in die Stadtleitung der FDJ führte. Später war er mit einer Tochter Meternagels verheiratet, die ihn betrog und von der er geschieden wurde. Der gemeinsame Sohn bleibt bei ihm. In Ritas Traum tritt er an Manfreds Stelle. Damit entsteht eine Möglichkeit,

die außerhalb der Erzählung in die Zukunft weist. Sie wird untermauert durch zahlreiche Gemeinsamkeiten zwischen Rita und ihm: das Verhältnis zu den Müttern, die in kleinen „Häuschen" (12) daheim sind, während Manfred seine Eltern rigoros ablehnt, aber in ihrer Villa lebt. Ihre Interessen stimmen überein; selbst während Ritas Genesung sprechen beide über Waggons. Die Vermutung liegt nahe, allein durch das Wort „Waggons" (7), dass Wendland es war, der sie anhielt als Rita zwischen rollenden „Waggons" (6) Selbstmord verüben wollte. Wendland ist der selbstlose Helfer; er liebt Rita. Diese nutzt seine Hilfsbereitschaft, erwidert seine Liebe aber nicht. Nachdem beide große Enttäuschungen hinter sich haben, scheint eine Verbindung auf der Grundlage liebevollen Verständnisses möglich.

Der selbstlose Helfer

Martin Jung und **Marion (Marianne)** sind als Kontrastfiguren zu Rita und Manfred angelegt. Sie sind lebenslustiger, unproblematischer und ungezwungener als diese; sie sind oder erscheinen jünger („‚Da komme ich mir ja vor wie ein Greis', sagte Manfred ...", 107):

Kontrastfiguren zu Rita und Manfred

Martin Jung,
ca. 23 Jahre, Ingenieur in einem Chemiefaserwerk in dem kleinen thüringischen S. (d. i. Schwarza), Jazzliebhaber. Er schreibt bei Manfred seine Diplom-Arbeit und verehrt ihn. Er ist ein „unbekümmerter, aber gar nicht oberflächlicher Junge" (107), der für Rita Jugend und Leben bedeutet, „neue Schallplatten und ... billige Bonbons" (107) bringt. Er ist, zufällig, Teilnehmer am entscheidenden Abend bei Manfreds Professor und überbringt Manfred die Nachricht, dass ihre Maschine abgelehnt worden sei. In der Personenkonstellati-

Manfreds Gegenbild

on ist er Manfreds Gegenbild: So wie Manfred einst von einem älteren Freund enttäuscht wurde, den er verehrte, so wird Martin enttäuscht, da Manfred nicht den Kampf aufnimmt.

Marion (Marianne),
ein „unerhört blondes, knabenhaft schlankes Mädchen" (104), ist Ritas Freundin, eine Friseuse, die sich wie Rita für das Lehrerstudium gewinnen ließ, es aber nicht durchhielt. In der Personenkonstellation ist sie Ritas Gegenbild: Sie lässt Probleme nicht an sich herankommen; es war ihr nicht bewusst, dass es im Verhältnis Ritas zu Manfred „Schwierigkeiten gab" (142). Für den Erzähler ist sie „ein ganz vollkommenes und fertiges Geschöpf" (151). Munter, kokett, modebewusst, befreundet mit dem Schlosser Jochen, den sie Weihnachten 1961 heiraten will. Im März 1961 hat sie das Institut verlassen. Sie ist eine wichtige Gesprächspartnerin Ritas während des Sanatoriumsaufenthaltes. Sie hat eine unkomplizierte Art, mit Widrigkeiten umzugehen, und urteilt nach pragmatischen Gesichtspunkten.

Ritas Gegenbild

Rudi Schwabe,
„dieses ewige Kind" (131), ist ein Schulkamerad von Manfred, etwas älter als dieser, FDJ-Sekretär an Manfreds früherer Schule, und hat ihm geholfen, als dieser in Verdacht geriet, an der Schule ein „politisches Oppositionszentrum" (78) gebildet zu haben. Er ist Manfred suspekt, weil er keinen „anständigen Beruf" gelernt hat, sondern „Allround-Funktionär" (79) geworden ist. Schwabe, befreundet mit Wendland, arbeitet, nachdem er mit einer Parteistrafe aus der FDJ-Bezirksleitung geflogen ist, im Studentendekanat der Universität und nimmt deshalb am Empfang bei Manfreds

Professor teil. Mit ihm treiben die Wissenschaftler, Manfreds Kollegen, ein unmenschliches und heimtückisches Spiel, indem sie ihn erpressen, in die Enge treiben und „wie einen Hund" (132) im Kreis herumtreiben. Aber er verteidigt sich, spricht ihnen „Faulheit" und „Feigheit" (133) zu und „verdirbt ihnen dieses Spiel mit verborgenen Gedanken, in dem sie so geübt sind" (133).
Er ist das Beispiel, wie man zum Dogmatiker gemacht werden kann, auch durch den Gegner, denn solche Erlebnisse wie an dem Abend beim Professor wirken nach. Als Manfred ihn um Hilfe für seine Freund Martin bittet, zeigt er sich als „Schwächling" (161) und setzt die „ganze Leier von Phrasen" (161) ein, um nicht helfen zu müssen. Er bereut sein Verhalten, als er nach Manfreds Flucht wegen seiner Freundschaft zu ihm Schwierigkeiten bekommt (230).

Ehepaar Herrfurth
Manfreds Eltern stehen für eine opportunistische und bornierte Lebensweise, in der Wert auf den äußeren Eindruck, nicht auf menschliche Beziehungen gelegt wird. Sie wollen „gesellschaftsfähig" (48) sein, ohne gesellschaftlich zu denken. Als Kontrast zu den jungen Leuten wurden sie auf wenige Charakterzüge festgelegt – „diese gräßliche Verarmung ihres Daseins" (47) – und bekommen groteske Züge, die zur Karikatur werden. Ihre Menschlichkeit haben die Eltern im „Gefängnis dieser Familie" (47) verloren. Auch in dieser Verbindung dominiert die Frau, die nach dem Kriegsende „ganz groß" durch Tauschhandel aufstieg, während der Vater unter „tödlich verwundetem Selbstgefühl" (50) litt. Dass die Frau der DDR den Untergang wünscht und lieber im Westen wäre, ist die zwingende Folge ihres Denkens und Handelns.

2.5 Sachliche und sprachliche Erläuterungen

Titel (3): Das Wort „Himmel" verbindet sich metaphorisch mit Erlösung, Liebe und Schönheit. Höchstes Glück gilt als „siebter Himmel". Der „siebte Himmel" kommt aus der babylonischen Lehre und besagt, dass man dort endgültig im Unsterblichen angekommen sei. Ein „geteilter Himmel" ist Hinweis auf das Gegenteil und signalisiert Unglück. Bei Christa Wolf hat die Himmelsmetapher, die gleichzeitig die Antonymie zwischen Himmel und Erde ausweist, eine strukturbestimmende Bedeutung. Sie war schon in der *Moskauer Novelle* ausgiebig verwendet worden.

Erzählung (3): Die Erstausgabe und die weiteren Ausgaben im Mitteldeutschen Verlag wurden als Erzählung ausgewiesen, in anderen Verlagen (Berlin: Weiß, 1964; Wien: Die Buchgemeinde, 1964; Reinbek: Rowohlt-Taschenbuch, 1968) erschien der Text als Roman oder trug keine Gattungsbezeichnung (Berlin und Weimar: Aufbau-Verlag, 1975; Berlin: Volk und Welt, 1977). Christa Wolf misstraut literarischen Kategorien, die auf ästhetischen Genuss weisen, wo Betroffenheit notwendiger wäre. Deutlich hat sie das in ihrem Hauptwerk *Kindheitsmuster* gesagt: Der umfangreiche Text wurde ebenfalls nicht als „Roman" ausgewiesen, weil das „Romangefühl" ein „verräterisches Gefühl von Unverletzlichkeit" sei.[58] Stattdessen strebe sie „den möglichst genauen Bericht" an[59], der im „Idealfall" „die Strukturen des Erlebens sich mit den Strukturen des Erzählens decken" lasse.[60]

58 Christa Wolf: *Kindheitsmuster*, S. 114
59 Ebd., S. 410
60 Ebd., S. 345

Für G. (4): Widmung für Gerhard Wolf, Christa Wolfs Mann, der während der Entstehung wesentlichen Anteil am Umgang mit den verschiedenen Entwürfen hatte.

Die Stadt (5): In der Erstausgabe in Versalien (Großbuchstaben) gedruckt: DIE STADT. Diese Schreibweise bedeutet in Christa Wolfs Werken die Heraushebung aus dem einzelnen Fall und die Erhöhung zum Symbol. Die Personifizierung der Stadt war im Expressionismus ein beliebter Vorgang (Georg Heym, van Hoddis u. a.). Der Name der Stadt, hier bewusst ausgelassen, ist Halle an der Saale. – Dem Eröffnungsbild einer Stadt wird gegen Ende das Bild einer Stadt entgegengestellt, die zum Gegenteil der ersten wird: „Die Stadt, taub und stumm" (220).

kurz vor Herbst (5): Das Jahr, hier ebenfalls wegen der angestrebten Überhöhung und Allgemeingültigkeit noch ausgelassen, ist das Jahr 1961.

hundert Fabrikschornsteine (5): In und um „die Stadt" (Halle) gab es bis zur Wende 1989 bedeutende Industriebetriebe wie die Leuna- und Buna-Werke, den Waggonbau Ammendorf, der in der Erzählung eine besondere Rolle spielt; das Chemische Kombinat Bitterfeld und die Filmfabrik Wolfen waren nicht weit u. a. Die Region galt als Chemie-Dreieck mit ca. 150 000 Arbeitsplätzen und fiel durch ihre zahlreichen Schornsteine auf.

seit langem (5): Der Raum um Halle hatte nach den Befreiungskriegen 1813 einen wirtschaftlichen Tiefstand erreicht. Die Salzgewinnung, ein hauptsächlicher Wirtschaftszweig, war völlig zum Erliegen gekommen. Mit der Entdeckung der Braunkohle als Rohstoff und dem Zuckerrübenanbau, beiden folgte ein erfolgreicher Maschinenbau, begann Halles Aufstieg zu einer modernen Industriestadt, die Weltruf erlangte. Das wurde beschleunigt, als um Halle herum die modernsten und größten Betriebe der Chemieindustrie entstanden (in der Stadt Leuna wurden 1916/17 die Leuna-Werke gegründet, eines der größten Chemiewerke, Buna steht für synthetisch hergestellten Kautschuk, seit 1935 großtechnisch hergestellt im gleichnamigen Werk, Bitterfeld lag in einem Zentrum des Braunkohletagebaus und der Braunkohlenveredlung usw.). Die Zeitangabe bei Wolf meint das 20. Jahrhundert.

bitter (5): Das Adjektiv steht für Härte und Enttäuschung, vgl. dazu Guiseppe de Santis Film *Bitterer Reis* (1948). Es gehört auch zu einem Geflecht biblischer Motive, das die Erzählung durchzieht[61]: „... gutes Getränk ist bitter denen, die es trinken." (Jes. 24. 9)

Also (5): Zwei Absätze werden nacheinander damit eingeleitet. Berühmte und beliebte Formulierung für Endgültiges und Schlussfolgerungen, so z. B. von Newton verwendet. Auch in der lat. Form „ergo": „Ergo bibamus!" (Also lasst uns trinken!) bekannt.

Gefahren, die alle tödlich sind in dieser Zeit (5): Die Welt stand im Sommer 1961 vor dem Ausbruch eines Krieges, der bis zum Atomkrieg hätte gehen können. Mehrfach kam es zum Nervenkrieg. Die Archive bieten „reichhaltiges Anschauungsmaterial, wie Politiker aller Couleur in den Jahren der Berlin-Krise lernten, mit der Atombombe zu leben. Dass sie an der großen Katastrophe vorbeischifften, mutet im Nachhinein wie ein Wunder an."[62]

aus dem vollen (5, 87, 238): Christa Wolf verwendet wie eine Lebensmaxime (und wie einen philosophischen Rahmen für die Erzählung) ein Wort des Philosophen Ernst Bloch (1885–1977), den sie während ihres Studiums in

61 Vgl. dazu: Gisela Hansen: *Christliches Erbe in der DDR-Literatur.* Bibelrezeption und Verwendung religiöser Sprache im Werk Erwin Strittmatters und in ausgewählten Texten Christa Wolfs. (Beiträge zur Literatur und Literaturwissenschaft des 20. Jahrhunderts. Hrsg. von Eberhard Mannack, Bd. 14) Frankfurt a. M., Berlin, Bern, New York, Paris, Wien, 1995, S. 184–199

62 Wilfried Loth: *Der Mauerbau und die Bombe.* In: DIE ZEIT Nr. 33 vom 9. August 2001

Leipzig erlebte. Bloch hatte dort bis zu seiner Emeritierung 1957 einen Lehrstuhl für Philosophie inne. Er entwickelte eine „Philosophie der Hoffnung" und einen „menschlichen Sozialismus", die eschatologisch dem Menschen das Heil verkündeten. In seinem Hauptwerk *Das Prinzip Hoffnung* (3 Bände: 1954–1959) sah er den Antrieb dafür im Wollen des Menschen nach einem „vollen Leben". Neben Christa Wolf nahmen auch andere Schriftsteller der DDR wie Volker Braun, der 1960 bis 1965 in Leipzig Philosophie studierte, Gedanken Blochs auf. – Christa Wolf setzte sich umso nachdrücklicher für eine sozialistische Utopie ein, je mehr die gesellschaftliche Wirklichkeit den Vorstellungen dieser Utopie widersprach. Das brachte sie seit 1968 zunehmend in Konflikte mit der Macht in der DDR, ließ aber eine immer größere Gemeinde von Anhängern des Wolf'schen Werkes entstehen.

Schienen (6): Die Schienen erklären sich, da Rita in einem Waggonbau arbeitet, in dem die fertigen Wagen rangiert werden. Gleichzeitig eröffnet das Wort ein sehr umfangreiches Wortfeld zu Bewegung: Schienen, Straßen, vor allem „lange" und „schnurgerade" Straßen, Fahren, Probefahrten, Fliegen usw. Während dieses Wortfeld im Prolog noch nicht vorhanden ist, die Welt erstarrt erscheint, ist es im Epilog wirksam: Das Wort „Straße" findet sich zweimal. Zu einem Höhepunkt in Ritas Erinnerung, „Lebenshöhepunkt, Gipfel" (71), wird eine Autofahrt mit Manfred, bei der Rita höchstmögliche Geschwindigkeit fordert.

Brigade (7): Kleinste Organisationsform im Arbeitsprozess, nicht unter Angestellten. Die Brigaden standen untereinander im Wettbewerb (Brigadewettbewerb). Die Brigade verbrachte auch die Freizeit teilweise gemeinsam (Geburtstagsfeier, 53 ff.) und führte darüber „Brigadetagebücher", aus denen einzelne bekannte Kunstwerke („Deubener Blätter" I–III) entstanden. Die Brigaden bemühten sich auch um Ehrennamen wie „Brigade ‚Anna Seghers'" usw. Christa Wolf erlebte die Brigaden im Waggonbau Ammendorf; dort betreute sie auch Brigadetagebücher.

alle zwölf (7): Die Zwölf hat eine mythische Bedeutung als geistige und irdische Ordnung; sie ist die Zahl der Tierkreiszeichen, der Monate, der Tages- und Nachtstunden, der Artus-Ritter, der Stämme Israels (der Alte Bund) und der Apostel (Kirche des Neuen Bundes). Die Brigade Ritas wird mythisch aufgewertet als Gruppe, die ihre Bestätigung in der Zeitungsüberschrift *„Die tüchtigen Zwölf!"* (35) findet. Die Gesellschaft beim Professor, die andere Gruppe, bestand aus „mehr als einem Dutzend (d. i. 12, R. B.) Gästen" (126), der Erzähler betrachtet sie in der Tradition Artus' als „Tafelrunde" (126).

grün und schwarz (8): Der Waggonbau Ammendorf (2004 noch Bombardier, Schließung angekündigt), in dem die Erzählung zum Teil spielt, produzierte vorwiegend Waggons für die Sowjetunion; deren Farben waren dunkelgrün und schwarz.

banal (8): Die ursprüngliche Geschichte – eine reine Liebes- und Brigadegeschichte – empfand Christa Wolf als banal und suchte nach der Überidee (vgl. S. 26 f. dieser Erläuterung).

Spiegel (11): Die Szene hat am Ende eine Parallelszene. In der ersten Spiegel-Szene erkennt Rita sich als Frau und fühlt sich „auf neue Weise überlegen" (11). In der zweiten Szene (227 f.) findet sie ebenfalls eine neue Qualität, nicht mehr die der Frau, sondern die der Lebenserfahrung: „Der Ausdruck in den Augen, der ihr neu ist, bleibt." Zwischendurch kommt sie, sicher in ihrer Liebe und in ihrer Arbeit, ohne den Blick in den „Spiegel" (97) aus.

Ende des Krieges (11): Rita Seidel musste mit ihrer Mutter 1945 ihre böhmische Heimat „für immer" (11) verlassen; erstmals hat Christa Wolf hier das Thema der Vertreibung berührt, das für sie autobiografische Bedeutung hatte und *Kindheitsmuster* bestimmte.

Weihnachten (14, 125, 141): Weihnachten ist ein beliebtes Datum für die Literatur. Es wird benutzt, wenn Schwierigkeiten eintreten oder der Gegensatz zwischen Erwartungshaltung und Wirklichkeit groß ist, wenn statt Freude und Harmonie Zerstörung und Zerrüttung eintreten. Manfred hat ein solches Weihnachtserlebnis im Traum und zertrümmert, ebenfalls im Traum, das Geschirr seiner Familie (16). Rita erlebt ein solches Weihnachten bei Manfreds Professor (125 ff.). – Goethes Werther erschoss sich zwei Tage vor Weihnachten. Auch Salingers *Der Fänger im Roggen* spielt wenige Tage vor Weihnachten. Weitere Beispiele sind Henrik Ibsens *Ein Puppenheim. Nora* (1879), das den Zerfall einer Ehe in der Weihnachtszeit zeigt, Gerhart Hauptmanns *Das Friedensfest. Eine Familienkatastrophe* (1890) zeigt den Zerfall einer Familie, Heinrich Bölls *Nicht nur zur Weihnachtszeit* (1951) die Austauschbarkeit von Gefühlen, menschlichen Bindungen und Situationen usw. – Als Rita 1960 das Weihnachtsfest in der Stadt verbringen muss, problematisiert das ihre Liebe zu Manfred (125), denn Weihnachten und ihr Dorf gehören für sie zusammen. Marion kündigt für Weihnachten 1961 ihre Hochzeit mit ihrem Freund an.

Wie in einem russischen Roman (14): Ein zum Klischee gewordenes Frauenbild, wie es sich in Tolstois Roman *Anna Karenina* findet. Bedient wurde es u. a. durch die Filmschauspielerin Greta Garbo und den Film nach Tolstois Roman (1935, Regie: Clarence Browne). Das zugehörige Plakat zeigte die Garbo mit braunem Haar und brauner

Fellmütze (s. Harenberg Literaturlexikon, Dortmund 1997, S. 52). – Rita setzt den Roman in die Wirklichkeit um: „Wir lassen den Roman einfach ablaufen." (14) Auch dazu gibt es eine Parallelszene: Wendland reagiert auf das halbherzige Versprechen „vielleicht" der Brigade, mehr Rahmen zu bauen, mit der Antwort: „‚Vielleicht' ist Romanstil" (234). Dafür hat er nichts übrig.

Brigadiere (19): Leiter von Brigaden (s. Brigade, S. 69 f. dieser Erläuterung)

Lehrerbildungsinstitut (21): abgekürzt: IfL; sie bestanden außerhalb der Universitäten und Pädagogischen Hochschulen. Es wurden dort Grundschullehrer für die Klassen 1 bis 4 ausgebildet.

Fluss (25): Als Vorbild diente die Saale.

ist da eine Wiese (26, 157): Rita Seidel beschreibt ein Bild, das im Zimmer des Sanatoriums hängt und leitmotivische Bedeutung erhält (s. 157, Beginn des 22. Kapitels). Es handelt sich um Claude Monets (1840–1926) *Die Mohnblumen* von 1873. Monet führte erstmals Mohnblumen als Motiv in die Malerei ein. Er malte die rauschartigen Erlebnisse zweier Städterinnen mit ihren Kindern in der Natur. Rita irrt sich in den Zeitangaben: Die Menschen auf dem Bild sind nicht „fast hundert Jahre" (27) tot, sondern höchstens 88, der Maler gerade einmal 35 Jahre. Es geht Rita nicht um historische Genauigkeit, sondern um einen großen Abstand, der durch „100 Jahre" ausgedrückt wird. (Ähnlich verwendet auch Manfred die Zahl als Hinweis auf Verwandlungen [103] und Rita beim Abschied von Manfred [218]).

Märzkämpfe 1923 (28): Im Februar und März 1923 bildeten sich proletarische Hundertschaften als Selbstschutzorganisationen im Zusammenhang mit breiten Streikbewegungen gegen die antinationale und unsoziale Politik der

Regierung Cuno. – Allerdings fanden die bewaffneten Märzkämpfe, verbunden mit einem Generalstreik – auch als mitteldeutscher Aufstand bezeichnet –, vom 21. März bis zum 1. April 1921 statt. Arbeiter, die, wie in Leuna, ihre Werke besetzt hatten, kämpften gegen Reichswehr und Polizei. Es wurden in Mitteldeutschland 145 Arbeiter getötet und 6000 verhaftet. Halle wurde als „das rote Herz Mitteldeutschlands" bezeichnet.

keine hundert Jahre (29): Auch hier meint die Jahresangabe keine konkrete Zahl. Die Chemieindustrie in Leuna wurde von der BASF 1916 gegründet, andere Betriebe wie Buna (seit 1935 großtechnische Herstellung von synthetischem Kautschuk = Buna) waren jünger. Für Rita sind „100 Jahre" der Ausdruck einer weit zurückliegenden Zeit, in der es noch die fast unberührte Natur gab, „keine hundert Jahre" dagegen reicht an die Gegenwart und bedeutet den massiven Eingriff des Menschen in die Natur.

Das Gesicht des kleinen Jungen (31): Es handelt sich um den sowjetischen Film *Serjoscha* (1960; Regie: G. Daneli, I. Talankin), der zu den größten Filmkunstwerken jener Zeit gehörte.

„ein Lehrer muß heutzutage einen Großbetrieb kennen!" (31): Die 4. Tagung des ZK der SED (15.–17. 1. 1959) beschäftigte sich mit der Entwicklung des Schulwesens, empfahl zur besseren Versorgung der Schulen die Werbung von Lehrerstudenten aus der Praxis – zu denen auch Rita Seidel gehörte – und Beziehungen zu Betrieben (schulpraktische Tage, Unterrichtstag in der Produktion u. a.).

Kartoffeleinsatz (40): Im Zuge der vollständigen Kollektivierung der Landwirtschaft 1960 gingen die Betriebe Verpflichtungen ein, die Bauern bei der Ernte zu unterstützen. Das wurde konsequent umgesetzt und traf auch Studenten.

Dornröschen, Rotkäppchen (46): Märchen aus der Sammlung *Kinder- und Hausmärchen* (1812/15) der Brüder Jacob und Wilhelm Grimm.

SA (47): Sturmabteilung, militärisch organisierte Kampftruppe der NSDAP, 1921 gegründet. Nachdem Hitler 1934 den Führer der SA Ernst Röhm und andere hohe Funktionäre ermorden ließ (Röhm-Putsch), verlor die SA an Bedeutung, blieb aber eine militärisch organisierte Massenbewegung, die auch innenpolitisch bei verschiedenen Anlässen (Judenpogrom 1938 u. a.) eingesetzt wurde und Gräueltaten verübte.

Jungvolk, Hitlerjugend (49): „Deutsches Jungvolk in der HJ" war in der Hitlerjugend die Organisation für die 10- bis 14-jährigen Jungen, die auch als „Pimpfe" bezeichnet wurden. Die HJ war insbesondere die Organisation der 14- bis 18-jährigen Jungen, als „Hitlerjungen" bezeichnet.

„Glotzt nicht so romantisch!" (51, 78): Zitat aus Bert Brechts *Trommeln in der Nacht* (Urauff.: 1922), das zur Provokation der Bürger diente und auch außerhalb des Stückes so verwendet wurde. Bei Manfred steht seine Aversion gegen das bürgerliche Elternhaus dahinter.

Hanna Cash (51): Aus Bert Brechts *Ballade von der Hanna Cash* (in *Bertolt Brechts Hauspostille*, 1927). Das von Manfred im „geheimen Kellerklub" verwendete Zitat ist Ausdruck seiner inneren Zerrissenheit: Hanna Cash liebt einen abstoßend unsympathischen Mann, der von anderen abgelehnt wird; für Hanna Cash ist nur ihre Liebe zu ihm wichtig.

Malzkaffee: Westluft (54): Bereits früher (28) war als Besonderheit der Stadt genannt worden, dass man die Windrichtungen riechen konnte. Das war für Halle typisch: im Süden lagen die Chemiebetriebe Buna und Leuna, im Südosten die Braunkohlenreviere mit den Brikettfabriken, in der Nähe des Hauptbahnhofes eine große Kaffeerösterei.

„Von den Bergen rauscht ein Wahasser" u. a. (56): Die Lieder, die die Brigade singt, wurden in der deutschen Wehrmacht gesungen. Wenn Rita einen „spöttischen Zug in Herbert Kuhls Gesicht" (56) bemerkt, deutet das darauf hin, dass Kuhl, der immer noch „Leutnant" ist, bestätigt bekommt, „was er immer gedacht hatte": wie nah die Landserseligkeit noch ist. Christa Wolf hat mehrfach sensibel-allergisch auf solche Lieder reagiert. Vgl. *Kindheitsmuster* (S. 302 „Westerwald", 373 f.). – Die Lieder waren für Christa Wolf eine der schlimmsten Erscheinungen des Faschismus, so schon benannt in der *Moskauer Novelle*.

„Glücklich ihist ..." (56): Verballhornte Verse aus Johann Strauß' Operette *Die Fledermaus* (1874).

Mildner-Waggonbau-GmbH (59): 1902 entstand das Straßenbahndepot Halle-Ammendorf mit einem direkten Gleisanschluss zur Lindner AG in Ammendorf, die Straßenbahnen baute. 1946 wurde der Betrieb ein SAG-Betrieb (Sowjetische AG), 1953 ein VEB (volkseigener Betrieb) und spezialisierte sich auf die mit anderer Spurbreite ausgerüsteten Weitreise-Waggons der Sowjetunion. Die Produktion war anfangs Bestandteil der deutschen Reparationsleistungen.

rückläufige Kaderentwicklung (64): Als „Kader" (lat.-ital.-franz.) wurde in der DDR ein Stamm von Nachwuchskräften bezeichnet, der für alle Gebiete planmäßig entwickelt wurde. Später wurde auch der einzelne Angehörige des Kaders so bezeichnet. Meternagels Entwicklung war durch die Strafversetzungen entgegengesetzt verlaufen.

„Siehe, es war gut!" (67): Nach 1. Mose, 1, 31 erklärte Gott am Ende des 6. Tages der Schöpfung von Erde und Mensch: „Siehe, es war sehr gut."

Promotion (72): lat.: Verleihung der Doktorwürde nach der Verteidigung einer wissenschaftlichen Arbeit (Dissertation, 91).

„Hier laßt uns Hütten bauen" (73): Petrus will am Berg Tabor (Matthäus 17, 4) drei Hütten für die verklärten Jesus, Mose und Elia bauen; seine Worte haben sich in dieser Variante als Sprichwort erhalten.

Euridike und Orpheus (73 f.): Der mythische griechische Sänger Orpheus wollte seine verstorbene Frau Eurydike mit Musik aus der Unterwelt (Schattenreich) zurückholen. Da er sich aber nicht an das Gebot hielt, sich auf dem Weg aus der Unterwelt nicht nach ihr umzudrehen, musste sie für immer ins Totenreich zurückkehren.

Stadt B. (74): Braunschweig.

Turnvater Jahn (76): Friedrich Ludwig Jahn (1778–1852) wollte durch körperliche Ertüchtigung des Volkes den Befreiungskrieg 1813 gegen Napoleon unterstützen. – Er geriet in den Verdacht der Demagogie, wurde zu Festungshaft verurteilt und nahm 1825 seinen Wohnsitz in Freyburg an der Unstrut. 1848 wurde er in die Nationalversammlung gewählt und gehörte zur äußersten Rechten. Er war als Rassist und Antisemit umstritten und galt als „finsterer Namenspatron", von dem sich die Hamburger Jahnschule 2000 trennte (DIE ZEIT, Nr. 16, 13. 04. 2000, S. 2).

zum zweitenmal (80): Das Zählen bis drei begleitet die Liebe zwischen Rita und Manfred: Dreimal tanzen sie miteinander (9, 80, 97), zwei gemeinsame Winter haben sie, „einen dritten gemeinsamen Winter gab es nicht" (102). Als Manfred von seinem Leben erzählt, kommen sie „zum drittenmal" (51) an ihrer Haustür vorbei. Der Leser wird auf solche Zählabläufe aufmerksam gemacht: Es gibt drei epische Vorwegnahmen der Konfliktlösung (s. S. 55 dieser Erläuterung) usw.

Boot (93 f.): In Manfreds Traum wird das Bild der Arche assoziiert, die keinen Hafen hat. Während sich aber das Bild bei Manfred mit Hoffnungslosigkeit verbindet, sieht

Rita „ein Licht über dem Fluß"; sie reagiert darauf und versteht sich als Leuchtturm der Hoffnung. Ritas Licht ist der erste Hinweis auf die im nächsten Kapitel benutzte Sage von Hero und Leander. Hier wird der Gegensatz zwischen dem Skeptiker Manfred, der auf nichts Hoffnungen setzt, und der Optimistin Rita, die an Rettung und Zukunft glaubt, am deutlichsten. – Für Rita verbinden sich Boot und Insel, die sie als Bild sieht (Lichterinsel, 83; verzaubertes Inselchen, 91 u. a.).

an verschiedenen Ufern (94): Ohne Namensnennung wird das Schicksal der beiden Liebenden Rita und Manfred der Sage von den unglücklich Liebenden Hero und Leander aufgelegt. Hero war von ihren Eltern zur Ehelosigkeit bestimmt. Leander schwamm deshalb nächtlich über den Hellespont, um zu Hero, seiner Geliebten und schönen Priesterin der Aphrodite, am anderen Ufer zu gelangen. Sein Ziel sah er durch eine als Wegweiser aufgestellte Lampe bzw. Fackel. Als diese im Sturm erlosch, ertrank er im Meer. Hero stürzte sich vom Turm.

Rat der Stadt (94): Stadtverwaltung in der DDR, vollziehendes und verfügendes Organ, gewählt von der Stadtverordnetenversammlung. Heute ist das der Magistrat.

„... laßt, die ihr einkehrt, alle Hoffnung fahren" (100): Wendland verwendet ein bekanntes Zitat aus Dantes *Göttlicher Komödie* als Frage, um Manfreds nihilistischer Haltung zu begegnen. Im 3. Gesang, Hölle, heißt eine Inschrift am Höllentor: „Lasciate ogni speranza, voi ch'entrate" – „Ihr, die ihr eingeht, lasst hier jedes Hoffen." (Hölle, 3, 9) Kurz darauf variiert Manfred diesen Satz, gibt die Antwort und bekennt sich dazu (132 f.).

Kleopatra (102, 139, 187, 217): Die Rita von Manfred nach einem Urlaub am Schwarzen Meer geschenkte Schildkröte wird nach der ägyptischen Königin K. (69–30 v. d. Z.) benannt, die für ihre Schönheit und Leidenschaft, ihre politischen Intrigen – sie war sowohl die Geliebte Cäsars als auch Antonius' – und ihren Tod – Selbstmord durch Schlangenbiss – berühmt wurde. Die Schildkröte, die zuerst zufällig wirkt, erweist sich später als Symbol für Trennung, Freudlosigkeit und Trostlosigkeit. Rita hätte lieber einen singenden Wellensittich gehabt.

aus dem kleinen thüringischen Städtchen S. (107): Vorbild ist Schwarza, Stadtteil von Rudolstadt, mit dem VEB Chemiefaserkombinat Schwarza „Wilhelm Pieck" (CFK).

Antifa-Schule (124): Kurz vor dem Überfall auf die Sowjetunion hatten deutsche Antifaschisten, vorwiegend Kommunisten, mit der Erprobung einer neuen Methode der politischen Umerziehung begonnen, die ANTIFA genannt wurde. Seit 1941 wurden in sowjetischen Gefangenenlagern *Antifa*schistische Schulen eingerichtet, in denen Wehrmachtsangehörige mit den Ursachen und Hintergründen des Faschismus vertraut gemacht wurden, aber auch Allgemeinbildung erhielten. Die Schulen gingen aus den Antifa-Aktivs hervor. Geleitet wurden diese Schulen von der sowjetischen Armee. Daran beteiligten sich Schriftsteller wie Erich Weinert, Willi Bredel, Friedrich Wolf und andere, beratend wirkte das NKFD (Nationalkomitee Freies Deutschland). Man wollte für eine erwartete revolutionäre Bewegung im Nachkriegsdeutschland „schon die revolutionären Kader entwickelt ... haben"[63]. Am 31. 12. 1946 wurde das Institut 99, das diese Schulen betreute, geschlossen, die Schulen selbst arbeiteten aber bis 1955. Festzustellen ist, dass spätere Betriebsleiter – Wendland ist ein treffendes Beispiel – und politisch Verantwortliche aus diesen Schulen hervorgegangen sind. – Ähnliche Um-

63 Vgl. dazu: David Pike: *Deutsche Schriftsteller im sowjetischen Exil 1933–1945*. Frankfurt a. M.: Suhrkamp Verlag, 1981. Taschenbuch 1992, Nr. 1933, S. 493 ff.

erziehungen gab es bei den anderen Alliierten, bekannt wurde das englische Umerziehungslager Ascot, aus dem Karl Eduard von Schnitzler hervorging. Das US-amerikanische Umerziehungslager „Van Etten" wurde als „Ideenfabrik" (factory) bezeichnet.[64]

DKW (126): Abkürzung für „**D**ampf-**K**raft-**W**agen", im Volksmund auch als „**D**as **K**leine **W**under" bezeichnet. Seit 1928 von der Zschopauer Motorenwerke AG, Betriebsteil: Berlin-Spandau, 1932 von der Auto Union Chemnitz gebaut, aus der das IFA-Kombinat hervorging, das noch nach 1945 den DKW herstellte. Manfreds Professor, der seit 30 Jahren fährt, dürfte einen der ersten DKW, zudem bei Geländerallyes, gefahren haben.

Auf nichts mehr bauen, in nichts mehr Hoffnung setzen (132 f.): Manfred nimmt Wendlands Frage mit dem Dante-Zitat auf und variiert es (vgl. S. 77 der Erläuterung, Anmerkung zu 100). Er polemisiert gegen Wendland. In dem Augenblick fühlt Rita, dass das Leben „vielleicht schon mißlungen war" (133).

Die Revolution frißt ihre eigenen Kinder (134): Verkürztes Zitat aus Georg Büchners *Dantons Tod* (1, 5). Der Titel wurde variiert von Wolfgang Leonhard in *Die Revolution entlässt ihre Kinder* (1955), worin er seine Erlebnisse im sowjetischen Exil, in der Kominternschule, im NKFD und in Antifa-Komitees (s. S. 78 dieser Erläuterung, Antifa-Schule) schilderte, ehe er mit der Gruppe Ulbricht nach Deutschland zurückkehrte, um sich im März 1949 aus der sowjetischen Zone nach Jugoslawien abzusetzen. Leonhards Buch gehörte zu den auf Schleichwegen in die DDR gekommenen Bestsellern.

---

64 Vgl. dazu Jérôme Vaillant: *Der Ruf. Unabhängige Blätter der jungen Generation (1945–1949).* München, New York, Paris: K. G. Saur, 1978, S. 5 ff.

„Verbrannte Erde" (136): Die vollständige Zerstörungen beim Rückzug eines Heeres; von der Wehrmacht im 2. Weltkrieg beim Rückzug aus der Sowjetunion angewandt. Seit August 1943 setzte die deutsche Wehrmacht diese Vernichtung in größtem Maße ein: Bei ihrem Rückzug aus dem Donezk-Gebiet vernichtete sie industrielle Anlagen, Wohnstätten, Vieh und Vorräte und vertrieb die Menschen. Gegen Ende des Krieges erließ Hitler den „Nero"-Befehl, der die Zerstörung aller Anlagen, auch der Versorgungs- und Verkehrsanlagen, befahl.

verlorenen Illusionen (137): Nach dem Titel *Illusions perdues* (1837–1843) – *Verlorene Illusionen* – von Honoré de Balzac, in dem wenig Menschenliebe, keine Freundlichkeit, sondern Ehrgeiz, Geld- und Machthunger und ein enttäuschtes Leben beschrieben werden. Eine Ähnlichkeit zwischen Balzacs eitlem und verwöhntem Lucien Chardon und Manfred ist vorhanden: Beide lernen die Hintergründe von Erfolgen kennen, die nicht nur in der Leistung, sondern in Cliqueninteressen – Lobbys – und Selbstverleugnung liegen. Als Christa Wolf bei Hans Mayer studierte, beschäftigte sich dieser intensiv mit Balzac.[65] Balzacs *Eugénie Grandet* (1833, dt. 1835 u. ö.), von Christa Wolf oft beispielhaft genannt, und Flauberts *Madame Bovary* waren für sie „zu ihrer Zeit erstaunliche Visionen"[66].

Man kann ein reales Leben nicht auf Zukunftshoffnung bauen (138): Dieser Satz des Erzählers ist die schärfste Kritik in der Erzählung an der sozialen Wirklichkeit Ritas. Die Entwürfe von Staat und Partei versprachen unentwegt die „Zukunft", ohne die individuelle Begrenzung zu bedenken,

---

65 Vgl. Hans Mayer: *Deutsche Literatur und Weltliteratur*. Berlin: Rütten & Loening, 1957, S. 432 ff. Auch Georg Lukács hatte Balzac Bewunderung gezollt und den Roman *Verlorene Illusionen* als einen der größten Romane des 19. Jahrhunderts gewürdigt.

66 Christa Wolf: *Lesen und Schreiben*. In: dies.: Die Dimension des Autors, Bd. 2, Berlin und Weimar: Aufbau-Verlag, 1986, S. 27

dass jeder Mensch nur ein, dazu in der Regel kurzes Leben hat. Deshalb war eine der verbreiteten Feststellungen in der Wendezeit 1989, man lebe jetzt und nicht in der Zukunft.

Ja, ich weiß schon ... (140): Drucktechnisch falsch ausgewiesen: Von „Ja, ich weiß schon ..." bis „... netter Kerl." ist es innerer Monolog Ritas – also ohne Anführungszeichen zu lesen, der anschließende Satz „Sie werde ihn ..." ist direkte Rede Ritas zu Martin.

fordern das Jahrhundert in die Schranken (141): Martin variiert ein Zitat aus Schillers *Don Carlos* (1787); Carlos sagt zu seinem Freund Posa: „Arm in Arm mit dir, / So fordr' ich mein Jahrhundert in die Schranken." (Vers 1155 f.). In *Kindheitsmuster* (S. 505) beschreibt Christa Wolf, wie Schillers *Don Carlos* für sie (Nelly Jordan) nach 1945 ein Grunderlebnis war.

Versuche der Dichter (142): Ritas Empfänglichkeit für bestimmte Dichter meint an dieser Stelle Johannes R. Becher; er nannte seine theoretischen Arbeiten nach 1945 *Bemühungen.* Die Beschreibung der Versuche entspricht Bechers Bestimmungen von Dichtung, wie er sie in seinem *Auf andere Art so große Hoffnung. Tagebuch 1950* und den darin montierten Abschnitten aus *Der Aufstand im Menschen* vornimmt.[67] Auch Gedichte Bechers wie *Ein Geheimnis bergen wir Gedichte* (aus: *Schritt der Jahrhundertmitte*, 1958) treffen auf Ritas Beschreibung zu.

„weggegangen" (143): Der Begriff wurde euphemistisch (verhüllend, beschönigend) bis 1961 für „Flucht in den Westen, Republikflucht, abgehauen" u. a. gebraucht.

Außer-sich-Sein (150): Der Begriff gehört in das Umfeld von Bechers *Tagebuch 1950* (s. o. Anmerkung zu „Versuche der Dichter" [142]). Die Begegnung mit der Landschaft verhin-

67 Vgl. Johannes R. Becher: *Auf andere Art so große Hoffnung*. In: ders.: Gesammelte Werke, Bd. 12, Berlin und Weimar: Aufbau-Verlag 1969, S. 223 ff., 834 u. a.

dert, dass Rita sich verliert und nicht mehr versteht, sich also selbstentfremden würde. Der Begriff ist die polare Entsprechung zu dem Begriff „das Zu-sich-selber-Kommen des Menschen", der ebenfalls von Becher stammt[68] und von Christa Wolf in *Nachdenken über Christa T.* (1968) als Motto vorangestellt wurde.

Ackerflächen, deren Grenzen (150): Rita sieht die Veränderungen, die durch die Kollektivierung der Landwirtschaft eingetreten sind. Nachdem 1959 der erste vollgenossenschaftliche Kreis in Eilenburg entstanden war, setzten im Laufe des Jahres 1960 die SED-Führung und die Regierung durch, die noch selbstständigen Bauern für die LPG zu gewinnen. Das war mit großen Auseinandersetzungen verbunden. Es entstand eine genossenschaftliche Großproduktion, deren erste Ergebnisse Rita sieht („neugedeckte Dächer an den Dorfrändern", 149; „neue Linien im Gesicht der Landschaft", 150).

Werwolf (154): Während gegen Ende des Zweiten Weltkrieges die Alliierten bereits die größten Teile Deutschlands besetzt hielten, propagierte die nationalsozialistische Führung den Kampf in diesen Gebieten unter dem Begriff „Werwolf".

die neuesten Moskauer Parteitagsenthüllungen (158): Es handelt sich um den XXII. Parteitag der KPdSU (17.–31. 10. 1961). Nachdem der XX. Parteitag 1956 die Entstalinisierung begonnen hatte, wurde sie nun fortgesetzt und der Personenkult eingeschränkt. Der Parteitag beschloss, Stalins Leichnam vom Mausoleum an die Kreml-Mauer zu verbannen. Das war aber nur eine Seite des Parteitages, er beschrieb andererseits erstmals die Konturen einer klassenlosen Gesellschaftsordnung im Kommunismus. Das interessiert Manfred nicht.

---

68 Ebd., S. 224

„Nur wissen möcht ich …" (160): Das Gedicht ist das 5. und abschließende aus Heinrich Heines Zyklus *Clarisse*, Abteilung „Verschiedene" (in den *Neuen Gedichten*, 1844), Gedichte, in denen Heine seine Erlebnisse mit Pariser Frauen reflektiert. Der junge Heine, wie im Text steht, ist das nicht. Das gesamte Gedicht ist eines des Verzichts und der Absage: „Es kommt zu spät, was du mir lächelst … Längst sind gestorben die Gefühle … Zu spät kommt deine Gegenliebe." Es ist Ausdruck von Manfreds Befindlichkeit.

„Heine ist mit seinen guten Deutschen …" (160): Nachdem Heines Bemühungen um eine Staatsanstellung ebenso gescheitert waren wie andere Bemühungen in Deutschland, verließ er die Heimat und traf 1831 in Paris ein, wo er bis zu seinem Tode blieb. Der Verweis deutet auf Parallelen zwischen Manfreds und Heines Schicksal.

die Nachricht (166): Im Original in Versalien: DIE NACHRICHT. Der fortwährend verwendete Verweis erhöht die Spannung, um welche Nachricht es sich handelt. Erst spät (170) erreicht die Zugbesatzung die Mitteilung vom Weltraumflug Gagarins.

„Die Erde erfreute …" (167): Aus Gagarins Beschreibung seines Fluges, bei dem erstmals ein Mensch vom Weltall aus auf die Erde sehen konnte.

„Du Spottgeburt aus Dreck und Feuer!" (169): Zitat aus Goethes *Faust I* (V. 3536), mit dem Faust empört auf Mephistos zynische Kommentare über Gretchen reagiert.

Mann im Kosmos (170): Der sowjetische Major Jurij Alexejewitsch Gagarin (1934–1968) startete am 12. April 1961 mit dem Raumschiff „Wostok I" als erster Mensch in den Kosmos.

„Der Mohr hat …" (175): Zum geflügelten Wort gewordenes, leicht verändertes Zitat aus Friedrich von Schillers

Die Verschwörung des Fiesco zu Genua (1783) mit der Fortsetzung „... der Mohr kann gehen."

Eine freie Stimme ... (178): im Original in Versalien; Satz der Selbstdarstellung des Senders RIAS (Rundfunk im amerikanischen Sektor), der von der Führung der DDR als Hetzsender bezeichnet wurde.

„die nicht ernten wollen ..." (179): Paraphrasierung und Umkehrung des auf Vögel bezogenen Bibelzitats „sie säen nicht, sie ernten nicht" (Matthäus 6, 26), um auszudrücken, so unschuldig wie Vögel waren die „zahnlosen Alten" nicht.

Später im Jahr fängt kein Krieg mehr an (192): Der Erste Weltkrieg brach am 1. August 1914 aus, der Zweite Weltkrieg am 1. September 1939.

OAS (197): Organisation de l'Armée Secrète, nationalistische militärische Untergrundorganisation in Algerien. Zwischen 1960 und 62 trat sie für den Verbleib Algeriens bei Frankreich ein und wurde durch Terroranschläge berüchtigt.

Medusenhaupt (197): Ein Blick der Medusa verwandelte den Betrachter in Stein. Perseus tötete sie, indem er sie in einem Spiegel beobachtete und damit ihrem Blick entging; aus der toten Medusa sprang Pegasus hervor, das geflügelte Pferd der Poesie. Hier werden die beiden Szenen – zerfetzter Leichnam und strahlendes Kindergesicht – als diese zwei Seiten der Medusa gesehen.

Pankow oder Schöneweide (199): Beides sind Stadtteile im Osten Berlins; damit steht Rita nicht im Verdacht, nach Westberlin zu wollen.

Zoologischer Garten (199): Rita gibt den damals ersten wichtigen S-Bahnhof in Westberlin an, der zu einer Drehscheibe für Republikflüchtlinge wurde.

Vorhölle (204): War für Manfred die Villa seiner Eltern nur ein „Lebenssarg" (24), so ist er nun eine Stufe tiefer angekommen, in der Vorhölle. Die Motivlinie zeigt deutlich, dass Manfred seine Entscheidung bereut.

„Ich will dir folgen …" (212): Aus der 4. und letzten Strophe des Volksliedes *Ännchen von Tharau*, Text von Simon Dach (1638). Simon Dach verliebte sich in das schöne Ännchen aus Tharau bei Königsberg/Kaliningrad, aber die war schon dem Pfarrer Johannes Partatius versprochen. Aus der unerfüllten Liebe wurde das bekannte Volkslied.

aus einem anderen Stoff als anderswo: aus dem Stoff fremden Lebens (215): Hier nimmt Christa Wolf den Begriff des Prologs auf und konfrontiert ihn mit seinem Gegenteil. Der Stoff des Lebens gehört zu den Bloch'schen Grundbegriffen und enthält neben Lebenslust und -sinn die historische Erfahrung, das soziale Bewusstsein und den Sinn für Gemeinsamkeit. Neben Christa Wolf hat diesen Begriff vor allem Volker Braun zu einer Serie von Texten mit dem Titel *Der Stoff zum Leben* verwendet.

Auguren (221): römische Priester, die göttliche Zeichen deuteten; besonders wichtig war die Vogelschau.

kein Zufall, ein Anschlag auf sich selbst (227): Im Ergebnis des Nachdenkens gesteht sich Rita ein, dass ihr „Unfall" ein Selbstmordversuch war. Sie wollte nicht gerettet werden, deshalb weinte sie nach ihrer Rettung. „Irgendeiner" (6) hatte die Waggons angehalten. Es könnte Wendland gewesen sein, denn im ersten Gespräch nach Ritas Erwachen aus der Ohnmacht sprechen beide „von irgendwelchen Waggons" (7).

2.6 Stil und Sprache

Deduktives Erzählverfahren

Die Sprache des Textes hat Anerkennung bei Lesern und Kritikern erfahren. Das deduktive Verfahren – vom Himmel über die Stadt zum Wir – wirkte besonders auf erfahrene Leser: Romananfänge deduzieren oft vom Universalen über die Erde zum einzelnen Menschen oder von der Großstadt über die Kleinstadt in die Gebirgseinsamkeit des Sanatoriums zum Genesung suchenden Menschen usw. (Arnold Zweig, *Der Streit um den Sergeanten Grischa,* Thomas Mann, *Der Zauberberg,* Erwin Strittmatter, *Ole Bienkopp* u. a.). Der Prolog wird bestimmt von existenziell grundlegenden Begriffen: Glut (Feuer), Luft, Wasser, Erde. Es sind die vier Elemente verschiedener Religionen, des antiken Denkens und der Alchemisten. Hinzu kommen mythische Grundbegriffe (Himmel, Leben) und soziale (Arbeit, Stadt). Gegen Ende des Prologs wird gegen diesen programmatischen Auftakt der schlichte Alltag gesetzt: Hochzeit, Kindermäntel, Krankheit, neuer Vorgesetzter. So kommt die Eröffnung vom höchsten Anspruch herunter in den nüchternen Alltag und bekommt nun, mit der Eröffnung des 1. Kapitels, eine Figur: „das Mädchen Rita Seidel" (6). Jahreszeiten halten die Deduktion von oben nach unten zusammen; sie sind unabhängig von der „höchsten Abstraktion – kleinen Alltäglichkeit": Herbst, Regensommer, Frühjahr und Winter (Weihnachten). Während die Zeit gleichmäßig fließt, bewegen sich die Ereignisse in ihr zwischen Höhen und Tiefen.

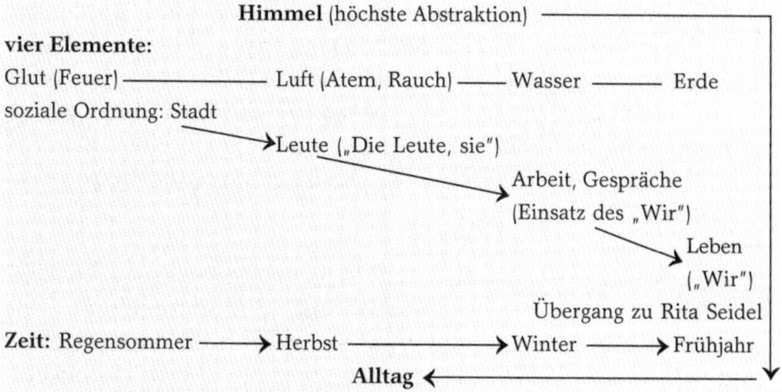

Zeitverlauf und Deduktion der Handlung im Prolog

Wechsel der Erzählzeiten

Neben dieser semantischen Auffälligkeit zeigt sich ein ungewohnter Wechsel der Erzählzeiten: Das erzähltypische Imperfekt (Präteritum) geht fließend in das Präsens über. Die Erzählung wird mit „atmete, fuhr" usw. eröffnet. Während der erste der mit „Also" eröffneten Absätze präterital erscheint („Also kehrten wir"), ist der folgende („Also nehmen wir") bereits präsentisch. So bleibt es bis zum Schluss des Prologs. Die Zeiten sind im Fluss. Auch die erzählerische Norm, als die das Imperfekt seit Thomas Mann gilt – der Erzähler ist der „raunende Beschwörer des Imperfekts" (Thomas Mann: Vorsatz, in: *Der Zauberberg*) –, unterliegt Veränderungen. Der Wechsel zwischen Imperfekt (vergangene Liebesgeschichte) und Präsens (aktuelle Genesungsgeschichte) wird im Text durchgehalten. –

„Sparsam verwendet, kann das Präsens innerhalb des Imperfekts von außerordentlicher Suggestivkraft sein. Es hebt die

Distanz des Lesers zu dem Mitgeteilten für einen Augenblick auf, es reißt den Leser in die Identifikation mit einem ausgesprochenen Zustand ... und schafft die Vorstellung von dem Andauern eines Ereignisses, schließlich auch von der allgemeinen Gültigkeit einer Sentenz. Christa Wolf akzentuiert innerhalb des Erzählstromes einige Inseln: sichtbar herausgehoben, präsent."[69]

Simultantechnik

Hin und wieder setzt Christa Wolf in der Erzählung Simultantechnik ein, wie sie sie in Werken der von ihr verehrten Anna Seghers finden konnte. Parallele Vorgänge werden durch Temporaladverbien („später", „gleichzeitig") in epische Zeitverhältnisse versetzt. Dadurch wird ein erzählerisches Nacheinander gleichzeitiger Ereignisse möglich. Eingesetzt wurde das in mindestens zwei zentralen Szenen der Erzählung: Während des Abends beim Professor erkennen Manfred und Rita, dass die „Verzauberung" (132) der Liebe zu Ende ist und die Liebe sich nun im Alltag bewähren muss. Der Augenblick wird in mehrfacher Hinsicht herausgehoben, zuerst durch den Erzähler, der ihn erkennt, als sie „beide den Wunsch hatten, die Uhren anzuhalten" (125). Dann wird der Augenblick erzähltechnisch hervorgehoben: Die Erkenntnis vollzieht sich bei beiden gleichzeitig, kann aber nur nacheinander erzählt werden. Deshalb wurde das Adverb „gleichzeitig" mehrfach verwendet (132 f.). In der zweiten Szene werden gleichzeitig ein neuer Waggon auf einer Probefahrt getestet und der Weltraum durch den Kosmonauten Gagarin erobert. Die Gleichzeitigkeit wird durch „noch nicht", „später" (168 ff.) in ein erzähltes Nacheinander gebracht. Eine andere Möglichkeit der Simultantechnik erschloss sich die Autorin, indem sie zeitlich weit auseinander liegende Szenen direkt

---

69 Nalewski, S. 40 f.

aneinander fügte, also Szenen aus Ritas Geschichte und Ritas Genesung. Dazu verwendete sie das Temporaladverb „damals" (meist an Kapitelanfängen u. a. 8, 43, 52, 83, 102, 177).

Christa Wolfs Stil strebt Deutbarkeit des Gesagten an. Für den erfahrenen, den historisch oder lokal gebildeten Leser und für den, der die Vorgänge miterlebte, stehen hinter den Verallgemeinerungen wie „Stadt, Herbst, Chemie, Gefahr" konkrete Sachverhalte: Halle, 1961, Chemiedreieck, Berlin-Krise. Indem aber oft der **Text in der Schwebe** zwischen genauer Benennung und symbolisch-mythischer Verallgemeinerung bleibt, geht er über den historischen Anlass hinaus. Er öffnet jedem Leser, der sich um die Entschlüsselung bemüht und dabei auch andere Erfahrungen einbringen kann, einen Freiraum der Deutung. Allerdings fordert das vom Leser die Bereitschaft zur Nutzung dieses Freiraums, Geschichtskenntnisse, Lebenserfahrungen und soziales Verhalten. Der Text verschließt sich einem Leser, der kurzweilige Unterhaltung sucht. Der Stil setzt vielfältige Mittel ein, die die abgebildete und genau beschreibbaren Ausschnitte in den Schwebezustand der Verallgemeinerung heben. Allgemeine Bezeichnungen treten an die Stelle konkreter Benennungen (der Fluss – die Saale), Kunst wirkt ohne die Nennung ihrer Schöpfer und die Titel der Werke (Bild *Die Mohnblumen*, Film *Serjoscha*), Märchenhaftes verschmilzt mit der Realität (das Zimmer der Liebenden als Gondel einer riesigen Schaukel, festgemacht an der Himmelskuppel, 25) und anderes. Indem sich Rita Monets Bild durch ausführliche Beschreibung erobert, gewinnt sie ihre Beziehung zur Stadt zurück, die nach dem Verlust Manfreds verloren gegangen war. Den Höhepunkt erreicht dieser Schwebezustand, wenn die Handlung in den Mythos projiziert wird (Hero und Leander).

Die Erzählung schließt mit: „Als könnte er nie zu Ende gehen." (238) Christa Wolfs letzte Sätze sind immer von besonderer Bedeutung. So auch dieser. Der Unterschied zur Verwendung der Sätze im Prolog ist die zweifache Verwendung des „dass" als kausale Konjunktion, die hier sogar eine kausale-finale Bedeutung erhält wie in Goethes „... dass ich erkenne, was die Welt im Innersten zusammenhält". Die Schlusssätze sind so die endgültige Bestätigung der Schlusssätze des Prologs. Dort waren sie eine Feststellung, nun sind sie ein Bekenntnis.

2.7 Interpretationsansätze

(Die Struktur der Erzählung macht es notwendig, auch einzelne Verweise und Zitate zu interpretieren. Insofern sind die sachlichen und sprachlichen Erläuterungen (2.5.) oft schon Interpretationsansätze.)

Spezifik künstlerischen Schaffens

Christa Wolfs Erzählung *Der geteilte Himmel* ist ein geeignetes Beispiel, um eine Spezifik künstlerischen Schaffens zu erkennen, die sie ausgeprägt entwickelte. Die ausgebildete Germanistin und belesene Schriftstellerin, die vielseitig interessiert ist, verinnerlichte ihr Wissen, anverwandelte es sich und machte es für die eigene Arbeit als poetisches Material abrufbar. Es lässt sich vieles in den Texten analytisch auf Ursprünge zurückführen, die der Autorin nicht mehr bewusst sind. Insofern sind Analysen des Aufbaus und der Sprache wichtig für den Leser, um Wirkungsfaktoren zu erkennen und einen Text interpretieren zu können; es ist nicht sicher, ob sie bewusst eingesetzt oder intuitiv „abgerufen" wurden. Geeignetes nahm sie auf, um es als Eigenes abzurufen. Ein Beispiel soll das zeigen: Bis heute gilt der Eröffnungssatz von Christa Wolfs *Kindheitsmuster* (1976) als einer der bemerkenswertesten Sätze der Autorin: „Das Vergangene ist nicht tot; es ist nicht einmal vergangen." (*Kindheitsmuster,* S. 9). Der gerühmte Satz stammt aber nicht von Christa Wolf, sondern wurde von Alfred Andersch seinem Roman *Winterspelt* (1974) als Motto vorangestellt, Andersch wiederum hatte ihn von William Faulkner.[70]

Montage-Prinzip

Ähnliche, nicht ganz so auffällige Montagen finden sich bereits im *Ge-*

70 Vgl. Rüdiger Bernhardt: *Erinnerung und Entwurf.* Zu Christa Wolfs 70. Geburtstag. In: Germanica Wratislaviensia 122. Acta Universitatis Wratislaviensis Nr. 2174, Wroclaw 2000, S. 60 ff.

teiltem Himmel, verwiesen sei auf die Bloch-Zitate (s. S. 23 f. dieser Erläuterung). – Eine Vielzahl der sachlichen und sprachlichen Erläuterungen (S. 66 ff. dieser Erläuterung) macht deutlich, wie das Prinzip bereits im *Geteilten Himmel* angewendet wurde.

Antike Tragik

Rita Seidels Schicksal ist ein Beispiel für geradezu antike Tragik, das heißt, wie auch immer ein Mensch sich entscheidet, er geht einem tödlichen oder zumindest vernichtenden Verzicht entgegen. Christa Wolf strebte diese Tragik konsequent an: Wir wollen „konsequent eine tragische Liebesgeschichte erzählen."[71]
Rita Seidel geht zwei Bindungen ein, eine aus Liebe zu dem Mann Manfred, eine aus Vernunft zu ihrer Heimat DDR. Die Erfüllung ist, beides miteinander verbinden zu können.

Individuelles und soziales Beziehungsgeflecht

Die objektiven Voraussetzungen dafür sind günstig: Rita und Manfred haben eine sinnvolle Arbeit in dem Lande, beide lieben sich; die subjektive Bereitschaft zu dieser Erfüllung ist aber nicht ausgeprägt: Manfred will Rita aus der zweiten Bindung reißen, an sich binden und zerstört damit die Voraussetzungen. Rita muss sich zwischen Manfred und ihrem Land entscheiden; damit verliert sie in jedem Falle eine der Beziehungen und zerstört das gesamte Bedingungsgeflecht. Es ist eine tragische Situation. Rita Seidel erreicht die Belastungsgrenze der Verbindung von Individuum und Gesellschaft und gleichzeitig die Grenze der Gemeinsamkeiten zwischen Liebe und sozialer Verantwortung. Sie löst ihren Konflikt

> *„entsprechend zeitgemäßer Wertvorstellungen und aktueller Notwendigkeit: Sie akzeptierte die Dominanz des Gesellschaft-*

---

71 Vgl. Sonja Hilzinger: *Nachwort.* In: Christa Wolf: Werke, Bd. 1, S. 299

lichen, entschied sich gegen die Liebe und für ihre soziale Rolle; aber danach, als sie diese soziale Rolle angenommen hatte, entschied sie den gleichen Konflikt nochmals für sich durch einen Selbstmordversuch. In Christa Wolfs ‚Geteiltem Himmel' war ein aktueller Konflikt sowohl in der gesellschaftlich erwarteten Form als auch in der die Erwartung missachtenden Form gelöst worden."[72]

Als **Liebespaar** entsprechen Rita und Manfred

„nur im Allgemeinen der Tradierung, im Besonderen wird die Frau innerhalb der Beziehung als fordernde und fördernde vorgestellt: ‚Rita hatte längst begriffen, daß ein für allemal sie die Geschicktere sein mußte.' (15) Diese Erkenntnis verhilft dem jungen Mädchen dazu, dem reifen Manne nicht nur Partnerin zu sein, sondern ihn beeinflussen zu können; sie gerät in die Situation, trotz des großen Altersunterschieds die Gebende zu sein. Das ist schließlich eine wichtige Voraussetzung dafür, dass trotz des Selbstmordversuchs Rita Seidels die tragische Situation überwunden wird. Christa Wolfs Rita Seidel ist keineswegs die Folge eines sich spezifisch gebenden weiblichen Schreibens, aber sie ist das Ergebnis eines ausgeprägten weiblichen Selbstwertgefühls, das die Autorin einbringt, die Rita Seidel ja manches autobiografische Moment mitgegeben hat."[73]

Überwindung der tragischen Situation

72 Rüdiger Bernhardt: *Wertvorstellungen und Leistungswillen in der gegenwärtigen Literatur.* In: Eberhard Günther (Hrsg.): Positionen 1. Wortmeldungen zur DDR-Literatur. Halle, Leipzig: Mitteldeutscher Verlag, 1984, S. 34

73 Rüdiger Bernhardt: *Die Literatur nimmt sich ... gerade der Unruhigen an.* In: Rüdiger Bernhardt (Hrsg.): Gibt es weibliches Schreiben? Schriftstellerinnen in Schweden und der DDR. (Wissenschaftliche Beiträge 1991/9 – F 101) Halle: MLU Halle-Wittenberg, 1991, S. 8 f.

Heilungsprozess als Sujet in Wolfs Werken

Zu Beginn der Erzählung erwacht Rita aus einer Ohnmacht. Ein Heilungs- und Genesungsprozess setzt ein. Das Sujet hat die Schriftstellerin immer wieder verwendet. Es begann, um eine kleine Auswahl zu geben, in der *Moskauer Novelle* – die Hauptgestalten haben ihre Krankheiten hinter sich, Pawel schwere Brandverletzungen, Vera Typhus –, führte über den *Geteilten Himmel* und Christa T. (*Nachdenken über Christa T.*) – die Geschichte einer Krankheit und eines Todes – zu *Störfall* (1987), wo der Bruder der Erzählerin sich einer Gehirnoperation unterziehen muss, und *Im Stein* (1994/95), wo Christa Wolf ihre Hüftoperation zum Anlass des Erzählens nahm. Das Sujet setzt sich bis zu *Leibhaftig* (2002) fort: Ein Kampf auf Leben und Tod spielt sich im Körper der namenlosen erkrankten Erzählerin ab. Die Beispiele ließen sich mehren; hinzu kommen zahlreiche medizinische Interessen, die Christa Wolf mit ihren literarischen Gestalten, die manchmal auch Mediziner sind wie Vera in der *Moskauer Novelle,* gemeinsam hat, Besuche in Krankenhäusern (wie in der *Moskauer Novelle*) und Vorträge der Autorin vor Medizinern. Es lässt sich feststellen: Krankheiten und medizinische Themen werden von Christa Wolf benutzt, um am Beispiel körperlicher Beschwerden seelische Verletzungen und sozial-historische Dimensionen dieser Verletzungen zu verfolgen. Die Krankheit ihrer literarischen Gestalten ist Zeichen:

> *„Noch ist die Menschheit krank; Christa Wolf ist weder so profan noch so unliterarisch, die Krankheitsursachen anamnestisch zu benennen. Sie sind aber in den mythischen und literarischen Bildern durchaus deutlich, die ‚Spur der Schmerzen' ist durchaus zu sehen und sie zieht sich auch durch unsere Gegenwart"*[74].

---

74 Rüdiger Bernhardt: *Ein fast biografischer Wiederholungsfall. Zu Christa Wolfs Erzählung „Leibhaftig".* In: unsere zeit. Essen: 28. Juni 2002, S. 13

Krankheiten sind legitime Anlässe, um klare Eindeutigkeiten zu verlassen und Träume mit Halluzinationen, Fieberphantasien und Wahnvorstellungen zu verbinden. Erst dadurch werden Entscheidungssituationen als komplizierte Prozesse und als Verluste, denn es bleibt immer Versäumtes zurück, erkennbar. Eine ähnliche, wenn auch mildere Form sind die zahlreichen Träume der literarischen Figuren, von denen auch im *Geteilten Himmel* etliche zu finden sind. Als Rita aus dem Sanatorium entlassen wird, hat sie die Träume hinter sich. Eine vollkommene Gesundung ist dennoch nicht gelungen; sie hat das Ziel, die Selbstentfremdung zu überwinden, nicht ganz erreicht, denn sie fühlt sich weiterhin verfolgt von „irgendeiner unausweichlichen Instanz" (226). Das ist das Gegenteil des Bloch'schen gesellschaftlichen Wunschbildes von der vollständigen Selbstverwirklichung: „die Befreiung vom blinden Schicksal, von der undurchschaubaren Notwendigkeit".[75]

Im Vergleich – *Der geteilte Himmel* und *Störfall*

Der Umschwung von **Fortschrittsgläubigkeit zu Fortschrittsskepsis** vollzog sich vor allem in den achtziger Jahren und gehörte zu einem Ablösungsprozess von den erstarrten gesellschaftlichen Strukturen. Im Vergleich zwischen Christa Wolfs *Der geteilte Himmel* und *Störfall* findet er sich. Der Untertitel im *Störfall* „Nachrichten eines Tages", wiederum keine Genrebezeichnung, muss mindestens zwei Themen haben, soll der Plural „Nachrichten" gerechtfertigt sein. Die Versalien, verwendet in den NACHRICHTEN des *Geteilten Himmels* (Erstausgabe), finden sich im *Störfall* wieder. Es ist ein Selbstzitat, verbunden mit einer Korrektur der Technikfreudigkeit im *Geteilten Himmel.* Ahnt man als die eine Nachricht im *Störfall* die Katastrophe von Tschernobyl, die namentlich nicht angesprochen wird, so ist

75 Ernst Bloch: *Freiheit und Ordnung. Abriss der Sozialutopien.* Leipzig: Reclam, 1985

es im zweiten Vorgang die gefährliche, aber schließlich mit Hilfe der Strahlen und der Technik glücklich endende Operation des Bruders der Erzählerin.

Die deutsche Teilung in anderen literarischen Werken

Unter den zahlreichen Werken, die **die deutsche Teilung** thematisieren und dabei von literarischer Bedeutung wurden, ist Christa Wolfs Erzählung neben Anna Seghers' Roman *Die Entscheidung,* mit dem Christa Wolfs Erzählung verglichen wurde[76], die bekannteste; die „einzige gültige Auseinandersetzung mit den Jahren der deutschen Teilung" (Text auf Umschlag) ist sie nicht. Zu nennen sind, neben Gedichten von Wolf Biermann und Volker Braun, außerdem Brigitte Reimann, *Die Geschwister,* Hermann Kant, *Die Aula,* Erwin Strittmatter, *Ole Bienkopp* und viele andere. In keinem der Werke, auch in dem Christa Wolfs nicht, ist die Teilung das alleinige Thema. Sähe man den *Geteilten Himmel* so, hieße es ihn völlig verkennen. Die deutsche Teilung wird in einen Kontext politischer, ökonomischer und vor allem kulturell-philosophischer Beziehungen eingeordnet.

76 Vgl. dazu Jürgen Bonk: *Der Roman in der DDR, 10. Der geteilte Himmel.* In: ich schreibe, Leipzig 1967, Heft 6, S. 3

3. Themen und Aufgaben

Die Lösungstipps beziehen sich auf die Seiten der vorliegenden Erläuterung.

1) Thema: Der Stoff

- Erklären Sie den Prolog und verdeutlichen Sie sein Verhältnis zur folgenden Erzählung. Was bedeuten „Glut" (Feuer), „Wasser", „Erde" und „Luft"?
- Stellen Sie die Liebesgeschichte in Beziehung zur Geschichte der beiden deutschen Staaten DDR und Bundesrepublik Deutschland zwischen 1959 und 1961.
- Vergleichen Sie das Schicksal des Liebespaares in der Erzählung mit modellhaften Liebespaaren, an die erinnert wird (Hero und Leander).

Textgrundlage: der gesamte Text
Lösungshilfe: S. 29, 52, 76 f.

2) Thema: Ritas Genesung

- Beschreiben Sie die Etappen zwischen Selbstmordversuch und Rückkehr zum Studium.
- Welche Situation wird durch das Sanatorium für Rita geschaffen? Beschreiben Sie Gesprächspartner und Besucher.
- Was bedeuten Krankheiten und Unfälle als Sujet bei Christa Wolf?

Textgrundlage: S. 6–9, 142–143, 225–231
Lösungshilfe: S. 31 ff., 53 ff., 94 f.

3) Thema: Das Verhältnis zur Arbeit

- Warum geht Rita Seidel in den Waggonbau? Sie wiederholt den Aufenthalt, warum?
- Welche Einstellungen zur Arbeit erlebt sie bei den 12 Mitgliedern der Brigade?
- Was unterscheidet die Arbeitseinstellung Meternagels von der Manfreds, die Herbert Kuhls (231 f.) von der Karßuweits (233)?
- Wie unterscheiden sich Wendland und Manfred in ihrem Verhältnis zur Arbeit?

Textgrundlage: Kapitel 7, 10, 30
Lösungshilfe: S. 19 ff., 32 ff., 43, 58 ff.

4) Thema: Die Liebe und die Staatsräson

- Erklären Sie die tragische Situation, in der sich Rita Seidel befindet.
- Warum kehrt Rita an ihren Studienort zurück?
- Beschreiben Sie die Unterschiede im Verhältnis Ritas zu Manfred und zu Wendland.
- Vergleichen Sie Ritas Entscheidung mit der Manfreds und anderer (des Reisegefährten nach Berlin, 194 ff.). Warum bleibt Herr Herrfurth in der DDR?

Textgrundlage: Kapitel 26–29
Lösungshilfe: S. 92 f., 35 ff.

5) Thema: Die sprachliche Gestaltung

- Erläutern Sie den Titel und folgen Sie dem Begriff des „geteilten Himmels" (und dazugehörigen Varianten) durch den Text. Wenden Sie ihn auf Geschichte und individuelles Schicksal an.
- Stellen Sie eine Liste des Wortfeldes „Wasser" und „Bewegung" zusammen und verfolgen Sie die Verwendung und Funktion der Begriffe im gesamten Text.
- Beschreiben Sie den Einsatz simultaner (filmischer) Mittel in der Erzählung.

Textgrundlage: S. 5, 132 f., 223 ff, Lösungshilfe: S. 54 ff., 66, 69

6) Thema: Der „Himmel"

- Verfolgen Sie vom Titel bis zum Ende die Verwendung des Begriffes und stellen Sie eine Liste der verwendeten Attribute auf.
- Interpretieren Sie den Begriff in seiner Vielschichtigkeit im Text, in seiner mythologischen Bedeutung und als Metapher.
- Parallel dazu lebt Manfred in einer „Vorhölle" (204). Auch bekennt er sich zur Hölle Dantes. Erklären Sie seine Situation.

Textgrundlage: der gesamte Text Lösungshilfe: S. 45, 77 ff.

4. Rezeptionsgeschichte

Der Siegeszug der Erzählung

Der Siegeszug der Erzählung begann um die Jahreswende 1962/63 mit Vorabdrucken in der Studenten-Zeitung *Forum* (1962, Nr. 47–52) und der Literatur-Zeitschrift *Neue Deutsche Literatur* (*Ein Abend und ein Tag*, 1963, Heft 2, S. 6–46). Schon vor der Veröffentlichung wurde eine Erwartungshaltung auf „eine zeitnahe und überzeugungskräftige neue Erzählung" aufgebaut.[77] Das war keine Ausnahme, sondern die Regel: Als Christa Wolf im Mai 1963 im berühmten Hörsaal 40 Hans Mayers las, drängten sich Zuhörer, obwohl die meisten das Buch noch nicht gelesen hatten, aber „viel schon hatte man über Christa Wolfs *Geteilten Himmel* – eine viel versprechende, poesievolle Erzählung unserer neuen Belletristik – gelesen und gehört"[78].

Seit April 1963 wurde mit 160 000 verkauften Exemplaren ein Höhepunkt erreicht. In der verbreiteten Frauenzeitschrift *Für Dich* erschien sie ab dem 3. Aprilheft (Nr. 17/63) in Fortsetzungen. Christa Wolf wurde schon im ersten Jahr nach Erscheinen des Buches fast 700 Mal zu Lesungen und Gesprächen eingeladen. Die Verbreitung der Erzählung war außergewöhnlich und erreichte in verschiedenen deutschen Verlagen zweistellige Auflagenhöhen. Sie wurde in 21 Sprachen – auch ins Tamile und ins Tadschikische – übersetzt, davon in einige Sprachen (Englisch, Russisch u. a.) mehrfach. Zustimmung zu der Erzählung gab es am 25. März 1963 auf einer gemeinsamen Beratung des Politbüros des ZK der SED und des Präsidiums des Ministerrats mit Schriftstellern und

77 Vgl. M. W.: *Der geteilte Himmel*. In: Funk und Fernsehen, Berlin 1963, Nr. 6, S. 23 (Angekündigt wird eine Sendung zur Erzählung, in der junge Arbeiter, Wissenschaftler und Studenten befragt wurden.)

78 *Eine Aussprache mit Christa Wolf*. In: Universitätszeitung, Leipzig, 30. Mai 1963, S. 6

Diskussionen in Tageszeitungen

Künstlern. Christa Wolf habe die Ursachen für Rita Seidels Entscheidung und die Gesamtheit der auf sie einwirkenden Einflüsse gut erfasst und umgesetzt.[79] Die umfangreichste und dauerhafteste Diskussion um die Erzählung fand in Zeitungen statt: in den Tageszeitungen *Freiheit* (Halle), *Neues Deutschland* (Berlin) und in den Wochenschriften *Sonntag* sowie *Forum* (Berlin, Zeitschrift der Studenten, Auflage: 100 000). Dabei wandte sich das *Forum* - wie auch Werner Ilberg im *Sonntag* (1963, Nr. 40, S. 8) scharf gegen die *Freiheit*, deren „Grundrepertoire" nicht wiederholt werden sollte. Deshalb wurden Beiträge, die den Tenor der Hallenser Veröffentlichungen hatten, abgelehnt:

> *„Wir fühlen uns stark genug, eine Diskussion über Christa Wolfs Roman (sic!) – der bei uns im Vorabdruck erschienen ist und im Jugendkommuniqué als ein Werk genannt wird, das die gesamte Jugend lesen und diskutieren soll – mit aktiver Unterstützung von zahlreichen Schriftstellern, Wissenschaftlern, Kritikern, jungen Facharbeitern und Ingenieuren nach sachlichen Gesichtspunkten selbst zu führen."*[80]

In diesen Diskussionen überlagerte die politische Bewertung der Erzählung und ihrer Hauptfiguren fast alle anderen Kriterien. Sie wurde höchst widersprüchlich geführt. Bis zu diesem Zeitpunkt hatte es zu einem Buch nicht gleichzeitig so harte, unsachliche und verletzende wie hymnisch feiernde Urteile aus dem gleichen Publikum gegeben. Geradezu zum Verdikt wurde ein Urteil Hallenser Germanisten, die Christa

79 Vgl. dazu: Horst Eckert: *Wem nützt das?* In: Forum, Nr. 18, 2. Septemberheft 1963

80 *Redaktionelle Mitteilung*, in: Forum, Berlin 1963, Nr. 23, S. 9. – Begleitet wurde die Notiz von einer mehrseitigen gründlichen Beschäftigung mit der Hallenser Diskussion (Horst Eckert: *Ahnungen, Auslegungen oder wissenschaftliche Untersuchungen?*)

Vorwurf der Dekadenz

Wolf eine „dekadente Lebensauffassung"[81] bescheinigten. Dazu muss man wissen, dass es in dieser Zeit in der DDR kaum Schlimmeres gab, als den Makel der Dekadenz angeheftet zu bekommen. Das *Fremdwörterbuch* (Leipzig: Verlag Enzyklopädie, 1960, S. 122) übersetzte „Dekadenz": „[geistiger] Verfall, Entartung; Bez. für den allgemeinen kulturellen Verfall in der Epoche des Imperialismus". – Sofort wurde Christa Wolfs Text auch mit Brigitte Reimanns Erzählung *Die Geschwister* (1963) verglichen. Solche Vergleiche zwischen diesen beiden Schriftstellerinnen wurden weitergeführt; 1968 stellte man beide Schriftsstellerinnen nebeneinander – letztmalig – und veröffentlichte Auszüge von Reimanns *Franziska Linkerhand* und Wolfs *Nachdenken über Christa T.* parallel und verglich sie.[82] – Brigitte Reimann wurde für *Die Geschwister* gelobt, „noch wirksamer ... die praktischen Probleme"[83] ihrer Helden gelöst zu haben: Ihr Uli will die DDR verlassen, bleibt aber am Ende da. Dagegen bekam Christa Wolfs „Motivierung des Geschehens" Lob, weil dadurch die Entscheidung Ritas überzeugend wirke. Ähnlich ging der Vergleich beider Erzählungen im *Neuen Deutschland* aus. Dort hatte man einen anderen Weg beim Umgang mit Christa Wolfs Erzählung beschritten: Man stellte mehrere Neuerscheinungen vor – nicht aber Christa Wolfs Erzählung –, führte eine Literaturdiskussion und lieferte dazu einen umfangreichen zusammenfassenden Beitrag, der ankündigte, dass man noch ausführlich auf den *Geteilten Himmel* eingehen wolle. Das Urteil hatte man indessen schon gefällt: Während Dieter

81 Dietrich Allert / Hubert Wetzelt: *Die große Liebe.* In: Freiheit, Halle vom 31. August 1963. In: Reso, S. 83

82 Thema der Woche. *Zwei Schriftsteller zur Frage Wie soll man leben?* In: Sonntag, Berlin 1968, Nr. 7, S. 4–8

83 Günter Lippold: *Die Geschwister. Ein Vergleich mit dem „Geteilten Himmel" von Christa Wolf.* In: Universitätszeitung. Leipzig, 3. 10. 1963, S. 6

Nolls *Die Abenteuer des Werner Holt* wegen der „meisterhaft gelungenen Konfrontation der Repräsentanten des alten verfaulenden Imperialismus" mit der kämpferischen Jugend gelobt wurde, „überzeugender, weil wahrhaftiger" die Entscheidung bei Brigitte Reimann getroffen worden sei, bekam Christa Wolfs Erzählung in diesen beiden Punkten Schelte. Das Buch stimme „einen oft ebenso unbehaglich" wie es ergreife, der Grund liege in der mangelnden Gestaltung der Partei: „Blasse Randgestalten bleiben alle Genossen, mit denen Rita in ihrer Waggonfabrik in Berührung kommt"; Wendland, Meternagel, Schwarzenbach, Rudi Schwabe werden genannt. Sie alle seien mit der Partei oder der FDJ in Konflikt geraten und „wurden dabei ungerecht behandelt. (Ist das denn das Typische?) Niemals spürt man hinter ihnen das Kollektiv und die Kraft der Partei."[84]

Rezeption in der DDR

Es wurden Stimmen laut, dass die „alles verändernde Kraft unserer Gesellschaft ... zu wenig spürbar"[85] sei. Das als negativ empfundene Urteil wurde von anderen Lesern der Zeitung scharf zurückgewiesen. Dass die SED unbefriedigend dargestellt worden sei und die in der Erzählung agierenden Genossen wenig vorbildhaft aufträten, war ein anderer Vorwurf. Es waren heftige, aber unliterarische Angriffe. Dafür gab es keinen Anlass: Weder Rita, aus deren Sicht einerseits erzählt wird, noch der Erzähler, der die andere Ebene vertritt, sind Genossen; vielmehr sind sie von parteiinternen Vorgängen ausgeschlossen. So war der Vorwurf falsch, der Leser gewinne den Eindruck, dass

84 Irma Schmidt: *Veränderung bewirken und sich mit verändern.* Ein Beitrag zur Literaturdiskussion. In: Neues Deutschland, Berlin, 17. Dezember 1963, Nr. 346, S. 4

85 Dietrich Allert / Hubert Wetzelt: *Die große Liebe.* In: Freiheit, Halle vom 31. August 1963. In: Reso, S. 81

> *„die Partei ihre Mitglieder immer wieder allein lässt. In diesem Zusammenhang wird unsere Wirklichkeit falsch dargestellt ... Diese Form einer abstrakten Haltungsmoral, die hier vorgelebt wird, birgt ein erhebliches Maß an Resignation und Skeptizismus."*[86]

Der Vorwurf, die Partei ungenügend oder falsch dargestellt zu haben, konnte, vorgetragen von zwei Literaturwissenschaftlern, schlimme Folgen für einen jungen Autor haben. – Aber man versuchte auch Erklärungsversuche für „verdüsterte" Vorgänge in der Erzählung; der „Zirkel schreibender Arbeiter" des VEB Waggonbau Ammendorf, den die Schriftstellerin angeleitet und in dem sie Brigadetagebücher betreut hatte, schob das auf die spezifische Sicht Ritas aus Krankenbett und Sanatorium. Aber gerade dieser Zirkel lobte an der Erzählung das, was die Berufskritik und Literaturwissenschaft zu massiven Vorwürfen bewogen hatte: „Du warst in unserem Werk, wir freuten uns mit Dir über Deinen Erfolg ... Es ist erstaunlich, wie Du die einzelnen Situationen erfasst, die Charaktere der Menschen gezeichnet hast. Wir finden das Leben in unserem Betrieb ungeschminkt wieder."[87]
Anna Seghers, mit Christa Wolf befreundet, reagierte differenziert auf die Erzählung: Sie hatte sie zuerst in Fortsetzungen im *Forum* gelesen und meinte, Christa Wolf habe

> *„einen guten Stoff gewählt. An der Erzählung hat mir etwas gefallen, was vielleicht manchem gar nicht gefällt: Dass die Rita im Grunde genommen noch unschlüssig ist, wenn sie zuletzt zu ihrem Freund fährt. Mir hat die Stelle gefallen, in*

---

86 Hans-Georg Werner / Dieter Heinemann: *Konflikt und Motiv*. In: Freiheit, Halle vom 19. Oktober 1963. In: Reso, S. 124

87 *Brief des „Zirkels schreibender Arbeiter" des VEB Waggonbau Ammendorf* vom 12. Oktober 1963. In: Reso, S. 115

der sie ‚zum erstenmal laut sagt, wohin sie fährt', indem sie die U-Bahnkarte kauft und auch gleich die Rückfahrkarte bezahlt."[88]

Rezeption in der BRD

In der Bundesrepublik reichten die Urteile über die Erzählung von rigoroser Ablehnung, ja der Verdächtigung, Christa Wolf wolle „absurde Untertanen" heranbilden (Günter Zehm, s. S. 113 dieser Erläuterung) über die verbreitete falsche Beurteilung, Ritas Liebe zerbreche an der Teilung Deutschlands (Marcel Reich-Ranicki, Alexander Stephan und andere) bis zur Stilisierung Ritas und ihrer kommunistischen Begleiter zu Märtyrern (Peter Hamm). Eine flankierende Diskussion in der DDR entstand, als Christa Reinig 1965 in *Der Spiegel* eine Rezension veröffentlichte, aus der man den Hass der Verfasserin auf das Land spürte, das sie kurz zuvor verlassen hatte und dem sie bescheinigte, zum russischen „Vielvölkerstaat" zu gehören, in dem die Völker „gammeln" und mit ihnen „gammeln 17 Millionen Deutsche, und wenn wir dem Buch der Christa Wolf Glauben schenken dürften, sehnen sich diese Deutschen nach nichts anderm, als ewig so weitergammeln zu dürfen"[89]. Christa Reinig erklärte Ritas Entschluss, in die DDR zurückzugehen, aus der „Fernwirkung" des „Agitprop-Geseires eines ‚blassen und begeisterten' DDR-Lehrers" und übersah, dass dieser Lehrer nicht einmal so viel Einfluss besaß, um Rita auf der Schule zu halten (12 f.). Es war für das *Neue Deutschland* leicht, westdeutsche Leserbriefe, die ihm zugegangen waren, zu drucken, in denen heftiger Widerspruch zu Reinigs Besprechung angemeldet wurde: „Christa Reinig schrieb einen perfekten ‚Kalten-Kriegs'-Bericht."[90]

---

88 *Brief vom 20. März 1963*. In: Drescher, S. 11

89 Christa Reinig: *Der ungeteilte Hades. Über Christa Wolf: „Der geteilte Himmel"*. In: Der Spiegel, Hamburg 1965, 19. Jg., Heft 3 (13. 1.), S. 70 – 71

90 Heinrich Balke (Bielefeld) in: Neues Deutschland, Berlin, 27. Januar 1965, Nr. 27, S. 6

Noch im Jahr des Erscheinens gab das Zentralinstitut für Bibliothekswesen ein ***Veranstaltungsmaterial*** *zu der Erzählung von Christa Wolf* heraus[91], in dem Textauszüge mit Informationen zur Autorin, der Beschreibung der Gestalten und methodischen Hinweisen zum Umgang mit dem Text verbunden wurden. Um ein Beispiel zu nennen und die Richtung anzudeuten, wie der Text verstanden werden sollte: „Welche Rolle spielt das Problem der Wahrheit? Gibt es eine ‚Teilwahrheit' im Leben und in der Kunst? Warum muss die ganze, aus der gesetzmäßigen Entwicklung begründete Wahrheit sichtbar gemacht werden?"

Die Verfilmung

Der Film der DEFA *Der geteilte Himmel* (Drehbuch: Christa und Gerhard Wolf mit Konrad Wolf, W. Brückner und KuBa, 1964) versuchte, wie der Regisseur Konrad Wolf sagte, die „Wirklichkeit auf zwei Ebenen wiederzugeben ..., nämlich auf der Ebene des geistigen Erfassens und auf der Ebene des unmittelbaren Erlebens"[92]. Konrad Wolf entwickelte eine anspruchsvolle und ungewohnte Dramaturgie. An die Stelle des Sanatoriums trat das Haus der Tante, das als besinnlicher Ort den Kontrast zu den bewegten Lebensräumen erhöhte, die Rita sich in Erinnerung rief. Der Film (Rita: Renate Blume, Manfred: Eberhard Esche) wurde in Halle und im Waggonbau Ammendorf gedreht, wo, wie Christa Wolf sagte, „ich Material für das Buch gefunden hatte"[93]. Der Film habe ihr „utopisches Denken" sichtbar gemacht und ihre „Visionen" seien in ihm aufgeblitzt. Nochmals entbrannte die Diskussion, diesmal wurden sie besonders in der *Wo-*

91 Hrsg. vom Zentralinstitut für Bibliothekswesen und dem Kabinett für Bibliotheksarbeit bei der Abt. Kultur des FDGB-Bundesvorstandes. Berlin: Berliner Stadtbibliothek, 1963

92 *Der geteilte Himmel*. Probleme des sozialistischen Realismus in der darstellenden Kunst, behandelt am Beispiel des DEFA-Films. Referat und Diskussionsbeiträge der II. Plenartagung der Deutschen Akademie der Künste zu Berlin vom 30. Juni 1964 (Berlin 1956), S. 56

93 Hörnigk, S. 31

chenpost und im *Neuen Deutschland* geführt. In der *Wochenpost* gab es uneingeschränktes Lob, im *Neuen Deutschland* lobte man die Dramaturgie und den Neuansatz in der Filmtechnik - anders konnte es bei Konrad Wolf nicht sein -, aber dann wurden Angriffe vom Jahr zuvor wiederholt: nicht präzis seien „die politischen und moralischen Angelpunkte hervorgehoben" worden, gemeint waren „Normenfragen" und „Einstellung zur Arbeit", „die Gegenwartsebene (Zeit der Genesung) (habe) während des größten Teils des Films kein großes Gewicht" und zu wenig „Wirkungsmöglichkeiten" für Rita, das „Maß das dem Zuschauer gedanklich und emotionell Zumutbaren (sei) überschritten" worden. In den Wochen vom September bis November sahen über eine Million Besucher den Film, Konrad Wolf stellte sich in 53 öffentlichen Aussprachen. Das *ND* wählte aus „der Fülle der Briefe" einige aus und veröffentlichte sie: Zustimmung fand sich, auch heute heiter stimmende Meinungen wie die einer Lehrerin, die beklagte, dass „Rita und Manfred miteinander leben, ohne eine gesetzliche Bindung einzugehen", und dann wiederum harsche Kritik an der angeblichen Passivität Ritas, der fehlenden Dialektik, der künstlerischen Überforderung des Zuschauers durch die eingesetzten Mittel bis zur Feststellung: „*Der geteilte Himmel* bringt dem Filmpublikum keinen Nutzen."[94]

Wie auch zu ihrem Erstling *Moskauer Novelle* entstand zunehmend Abstand bei der Autorin. Als Christa Wolf zu Korrekturzwecken ihre Erzählung 1971 nochmals las, kam ihr, wie sie an Brigitte Reimann schrieb, „das große Heulen über die unschuldsvolle Gläubigkeit, die mir damals, vor zehn Jahren,

Intertextuelle Bezüge

94 Alfred Fritzsche: *Ein zwielichtiger Film?* In: Neues Deutschland, Berlin, 15. November 1964, Nr. 316, S. 6; Leserbriefe finden sich in dieser Nummer und der Nr. 312 vom 11. November 1964

noch zur Verfügung stand"[95]. 24 Jahre später versuchte sich die nächste Generation deutlich von der Erzählung abzusetzen. In Thomas Brussigs satirischem Roman auf die Wende *Helden wie wir* (1995) verwechselt der Erzähler während der berühmten Kundgebung vom 4. November 1889 auf dem Alexanderplatz nicht nur Christa Wolf mit der Eiskunstlauftrainerin Jutta Müller, sondern liest während eines Krankenhausaufenthaltes den *Geteilten Himmel,* der nur auf der Frauenstation zu finden war. Bisher war er „darum herumgekommen, Christa Wolf zu lesen, sie galt als schwierig"[96]. Als der Erzähler sich vorsichtig versichert, das Buch dürfe ihn nicht erregen – er ist wegen sexueller Nöte im Krankenhaus, er soll sogar ein Lüftungsgitter auf der Friedrichstraße in Berlin vergewaltigt haben –, wird ihm lächelnd geantwortet, es sei zwar ein Liebesroman, aber unbedenklich. Der Erzähler flieht aus medizinischer Behandlung, in der er sich wegen seiner Geschlechtsorgane befindet: Mit seinem übergroßen Penis bewirkt er die Maueröffnung 1989, „ich, der Erlöser mit dem großen Schwanz"[97]. Schon bei der Widmung „Für G." bleibt Brussigs Erzähler stecken und assoziiert neben anderem „G-Punkt", um bald darauf zu spüren, dass der „Liebesroman" als „Erektionsstörer gute Dienste tat"[98]. Dem Spiel mit der Widmung des *Geteilten Himmels* folgt eine Interpretation des Prologs, der als „Horrorszenarium" verstanden wird. Als der Erzähler die „Meisterautorin" im Prolog erkannt zu haben glaubt, fühlt er alles zerstört durch den letzten Satz des Prologs: „Mobilisierte sie ihr ganzes Können nur, um mit einem Satz alles wieder zurückzunehmen? ... Das war selbst für einen Leser wie mich,

95 Brigitte Reimann, Christa Wolf: *Sei gegrüßt und lebe.* Eine Freundschaft in Briefen 1964–1973. Berlin: Aufbau Taschenbuch Verlag, 1995, S. 114

96 Thomas Brussig: *Helden wie wir.* Roman. Berlin: Volk & Welt, 1995, S. 295

97 Ebd., S. 316

98 Ebd., S. 307

immerhin Inhaber von fünf Bibliotheksausweisen, gewöhnungsbedürftig."[99] Die Ironie des Erzählers gipfelt darin, dass er sich die dreizehnjährige Christa vorstellt, die den schönsten Aufsatz zum Thema „Mein schönstes Ferienerlebnis" geschrieben hat; die logische Folge ist: „‚Aber den schönsten Roman hat wieder unsere Christa geschrieben.'"[100] Thomas Brussigs (geb. 1965) Erzähler bricht seine Lektüre ab, die ihn nur zu ironischen Äußerungen veranlasst hat, kurze Zeit später erkennt er auch seine Verwechslung Christa Wolfs mit Jutta Müller und erklärt das mit der „Harmlosigkeit" der Rede. –

Nach 1989 veränderte sich der Umgang mit Christa Wolf schlagartig: Aus der gelobten kritischen Schriftstellerin der DDR wurde über Nacht die Staatsdichterin der DDR; forciert wurde diese Veränderung von Frank Schirrmacher in der FAZ, der sie noch vor Reich-Ranicki für „weit überschätzt" und „mehrere ihrer Bücher jetzt schon" für vergessen hielt. Er erklärte Christa Wolf 1990 zum politischen Fall und nahm dafür auch den *Geteilten Himmel* in Anspruch, den er schon im Titel seines Artikels, wenn auch verkürzt, zitierte. Schon in dieser Erzählung habe sie zum Bleiben in der DDR aufgefordert.

Neuer Umgang mit Christa Wolf nach 1989

„Christa Wolfs erstes Buch (sic!), ‚Der geteilte Himmel', handelt von der Republikflucht und davon, dass es anstrengender und schwieriger, aber auch ehrenvoller und süßer ist, im sozialistischen Vaterland auszuharren."[101]

---

99 Ebd., S. 297
100 Ebd., S. 298
101 Frank Schirrmacher: *Dem Druck des härteren, strengeren Lebens standhalten.* In: Frankfurter Allgemeine Zeitung (FAZ) vom 2. Juni 1990, zit. bei Thomas Anz (Hrsg.): Es geht nicht um Christa Wolf. Der Literaturstreit im vereinten Deutschland. Frankfurt a. M.: Fischer Taschenbuch Verlag, 1995, S. 77 ff.

Man müsste den Artikel nicht erwähnen, wären nicht Fehler und Ungenauigkeiten darin, die journalistische Absicht zeigen: *Der geteilte Himmel* war nicht Christa Wolfs erstes Buch und es handelte nicht zuerst von Republikflucht, sondern von einer Liebe; es wurde nicht um ein „ehrenvolleres und süßeres" Leben in der DDR gestritten, sondern generell um Lebenspläne, und auch Manfreds Plan wurde nirgends so ad absurdum geführt, wie Schirrmacher den Christa Wolfs nun ad absurdum führen wollte. Nicht am Tag des Mauerbaus versuchte sich Rita das Leben zu nehmen, wie Schirrmacher meinte, sondern fast zwei Wochen später, und es ging nicht um das sozialistische Vaterland, sondern der Sozialismus von Wendland und Meternagel, von Martin Jung und Rita Seidel war gemeint, der die Konturen der Bloch'schen Entwürfe trug und der entfernt von der Wirklichkeit der DDR war. Die Fehler und Ungenauigkeiten hatten den Zweck, die ehemals gefeierte oppositionelle Schriftstellerin nun als „Staatsdichterin" zu diffamieren, um jegliche Identifikation mit ihr und ihren Utopien zu unterbinden. Schirrmachers Äußerungen widersprach entschieden und mit differenzierten Belegen Günter Grass (*Der Spiegel*, 16. Juli 1990).

Schirrmacher war kein Einzelfall. Auch bei Chaim (Hans) Noll, der die Literatur der DDR insgesamt zur „Provinzliteratur" degradierte und den in der DDR gebliebenen Schriftstellern jegliche Bedeutung grundsätzlich absprach – er hatte die DDR 1984 verlassen –, war es *Der geteilte Himmel*, der auf das Schuldkonto Christa Wolfs geschrieben wurde, deren „Seelenverfassung" er „in den letzten Tagen des Dritten Reichs" – „Entfernung von der Truppe ist Verrat" – geprägt sah: „Christa Wolf schrieb ... die Erzählung *Der geteilte Himmel*, in der sie ihren Lesern Disziplin und Unterwerfung nahe legte, diesmal unter die schicksalhafte Allmacht der

Sowjetunion."[102] Ihm wurde heftig widersprochen. Der Streit insgesamt, der um Christa Wolf ging, aber generell die Schriftsteller und Intellektuellen der DDR meinte, wurde zum „neuen Höhepunkt deutscher Aggression gegen die intellektuelle Linke".[103]

Selbst noch in den Glückwünschen an die Autorin zum 75. Geburtstag wurde der Streit erinnert und in einem Fall bekam Schirrmacher sogar späte Bestätigung: Er wirke „in seiner Argumentation und Diagnose vorbildhaft. Schirrmachers These: Christa Wolf habe die von Machtkalkülen geführte politische Gesellschaft, die sie umgab, immer nur als größere Variante der kleinbürgerlichen, autoritär aufgebauten Familie begriffen. Letztere aber kann man nicht verlassen; der verzeiht man einiges; wer sich entfernt, wird mit Schuldgefühlen bestraft", schrieb Christian Eger in der *Mitteldeutschen Zeitung* vom 18. März 2004. Kleiner konnte man Christa Wolf und ihr Werk nicht machen.

Rezeption im Ausland

Bis in die Gegenwart wird um Christa Wolfs Erzählung diskutiert und gestritten, auch im Ausland. Von den in vielen Ländern geführten Diskussionen seien nur die in Frankreich, Polen und Schweden angedeutet. In Polen[104] erschien *Der geteilte Himmel* in der Übersetzung Z. Rybickas unter dem Titel *Niebo podzielone* (Warszawa: MON) 1966, es folgten mehrere Rezensionen und lösten eine bis heute anhaltende Aufmerksamkeit aus.

102 Chaim Noll: *Das lächerliche Pathos alter Schwärmer*. In: Die Welt vom 12. Mai 1990, zit. bei Thomas Anz (Hrsg.), S. 62

103 Thomas Anz: *Mord im Feuilleton*. In: Thomas Anz (Hrsg.): Es geht nicht um Christa Wolf. Der Literaturstreit im vereinten Deutschland. Frankfurt a. M.: Fischer Taschenbuch Verlag, 1995, S. 97

104 Vgl. Gizela Kurpanik-Malinowska: *Christa Wolf. Zur Rezeptionsgeschichte ihrer Werke*. Katowice: Redakcja Barbara Kuzniarowska, 1992, S. 9 ff.

In Frankreich reagierte man auf den deutsch-deutschen Literaturstreit, indem man Christa Wolf im September 1990 zum „Officier des Arts et des Lettres" ernannte. In seiner Laudatio ging der französische Kulturminister Jack Lang auch auf den *Geteilten Himmel* ein, der „zu den allerersten literarischen Werken (gehört), welche die individuellen psychologischen Auswirkungen der großen politischen Tragödie der Nachkriegszeit, des Baus der Berliner Mauer, erkunden."[105]
Schwieriger hatte es die Erzählung in Schweden, wo Christa Wolf nicht nur mehrfach zu Gastvorlesungen war, sondern auch ihre Bücher, vor allem *Kindheitsmuster,* Leseerfolge waren und sie sowohl ihre Leserschaft begeisterte als auch die schwedischen Germanisten anhaltend beschäftigte, die mehrere Dissertationen über ihr Werk schrieben. Obwohl die schwedische Literaturkritik dem *Geteilten Himmel* eine große Zukunft voraussagte, wurde die Erzählung nicht ins Schwedische übersetzt „und hier fast gar nicht zur Kenntnis genommen. Das zeigt, wie wenig sich die literarische Öffentlichkeit in Schweden mit der damaligen ‚Zone' und deren Literatur befasste."[106]
Als 2001 die Berliner Volksbühne die Erzählung als Bühnentext entdeckte, bewertete *Der Spiegel* die Erzählung als „bis heute neben *Nachdenken über Christa T.* Christa Wolfs berühmtestes Buch" (*Der Spiegel* 2001, Nr. 47, S. 196). Über die Inszenierung (Regie: Sebastian Hartmann) war sich die Kritik einig, sie tauche „ab in die Untiefen einer philosophischen Erquickungsdramatik"[107].

---

105 Zit. bei Thomas Anz (Hrsg.): *Es geht nicht um Christa Wolf.* Der Literaturstreit im vereinten Deutschland. Frankfurt a. M.: Fischer Taschenbuch Verlag, 1995, S. 228

106 Per Landin: *Christa Wolf in Schweden.* Stockholms universitet. Tyska institutionen, 1986, S. 10. – Per Landin ist ein bedeutender Herausgeber, Schriftsteller und Feuilletonist in Schweden und hat sich mehrfach mit Christa Wolfs Werk beschäftigt.

107 Gottfried Blumenstein: *Wenn die Geschichte links liegen bleibt.* In: Freie Presse, Chemnitz vom 24./25. 11. 2001

5. Materialien

Aus den zahllosen Meinungen und Urteilen zu der Erzählung, die teilweise in Buchform gesammelt vorliegen (Reso, Anz), werden Materialien ausgewählt, die schwierig zugänglich sind. Unter den zahlreichen Besprechungen nach Erscheinen der Erzählung waren sich die Kritiker über die literarische Qualität einig, gegensätzlich wurde der politische Wert gesehen.

Eine extreme Position nahm Günther Zehm 1963 in der *Welt*[108] ein, als er sich ohne Berücksichtigung des Textes und unter merkwürdiger Auslassung im Zitat zu einer rein politischen Verdächtigung verstieg:

„Und das Verdienst von Christa Wolfs ‚Geteiltem Himmel' besteht in den Augen der Funktionäre darin, dass er die absurde Gemeinschaft derer, die es schlecht haben wollen, zum erstenmal literarisch verherrlicht. ‚Manchmal hatte Rita selbst gedacht: Der Meternagel macht sich umsonst kaputt ...[109] *Aber gerade deshalb hätte sie nicht fertig gebracht, ihn im Stich zu lassen.' So lautet der Grundtenor des ‚Geteilten Himmels'. Das Sich-umsonst-Kaputtmachen, die Arbeit des Sisyphos wird hier zur höchsten Kategorie."*

Die Kritiker versuchten, nachdem sie die Bedeutung der Erzählung erkannt und ihre Besonderheiten aufgenommen hatten, Entsprechungen in der Literatur zu

108 Günter Zehm: *Weil es uns schlecht geht, sind wir dafür. Christa Wolfs „Der geteilte Himmel"* Dokument über den Seelenzustand der Intellektuellen in der Zone. In: Die Welt, Hamburg am 30. Juli 1963, S. 9

109 Die Auslassung hat im Original den Wortlaut: „Er hat sich mehr vorgenommen, als er schaffen kann."

finden. Auf eine interessante Parallele wies Jürgen Bonk, der sich mehrfach zu dem Werk äußerte, hin:

„Ähnlich wie Goethes Werther reagiert auch Rita. Sie wünscht den Freitod, nachdem ihre Liebe zerbrochen ist, letztlich aber – und hier liegt der Unterschied – bewährt sich ihr tiefes Verwurzeltsein in der Hauptsphäre menschlichen Daseins als die entscheidende moralische Triebkraft für ihr Ja zum Leben, zur Arbeiterklasse, zur Deutschen Demokratischen Republik. – Die tiefe, ehrliche, leidenschaftliche Liebe zu Manfred hatte Rita nur scheinbar ganz ausgefüllt, in Wahrheit aber hatte sie nur überdeckt, was im letzten Jahr durch ihre Erlebnisse in der volkseigenen Waggonfabrik und im Lehrerbildungsseminar feste Wurzeln geschlagen hatte: die Liebe zu einem Leben, das den ganzen Menschen in die Schranken fordert … letztlich findet Manfred nicht die Kraft, seine Gleichgültigkeit gegenüber Menschen und Dingen zu überwinden, seine Träume bleiben Schäume und sind Ausdruck seiner moralischen Schwäche … Diese Haltung erinnert an Andersens Märchen ‚Die Schneekönigin' (gemeint ist ein Spiegel, der alles Gute und Schöne zum Nichts schrumpft und dessen Splitter die Menschen alles hässlich und verkehrt sehen lassen, R. B.).“[110]

Vera Klasson, eine schwedische Literaturwissenschaftlerin, schrieb eine umfangreiche, sehr anregende und genau Untersuchung zu Christa Wolf[111]. Sie begründete ihre Arbeit folgendermaßen:

„1964 las ich zum ersten Mal ‚Der geteilte Himmel' (DGH). 1979 begann ich mein Deutschstudium und fand auf der Liste über obli-

110 Jürgen Bonk: *Der Roman in der DDR, 10. Der geteilte Himmel.* In: ich schreibe, Leipzig 1967, Heft 6, S. 4

111 Vera Klasson: *Bewusstheit, Emanzipation und Frauenproblematik in „Der geteilte Himmel" und drei weiteren Texten von Christa Wolf.* Göteborg: Acta Universitatis Gothoburgensis, 1991 (Göteborger germanistische Forschungen 32), S. 1

gatorische Kursliteratur Christa Wolf mit diesem Werk vertreten. Nun kam ich auch mit der Sekundärliteratur in Berührung und stellte mit Verwunderung fest, dass mein Bild von der Hauptperson Rita sehr oft nicht mit dem in der Sekundärliteratur vorkommenden übereinstimmte, wenn Rita als ‚blass', ‚unbewusst' und ‚passiv' beurteilt wurde. Ich dagegen hatte sie als gerade um Wissen bemühte, aktive junge Frau aufgefasst. Der Zeitabstand zwischen beiden Begegnungen und die intensive Beschäftigung mit der Erzählung hatten bewirkt, dass ich unter dem konkreten Text der Oberfläche Züge entdeckte, die 1964 durch die Nähe des Erzählten verborgen gewesen waren."

In einer Gesamtdarstellung von Christa Wolfs Werk[112], anlässlich des 70. Geburtstages der Autorin, schrieb der Autor vorliegender Erläuterung:

„Die ‚blaue Blume des Märchens' ist komplizierter und steht für Versenkung und einfühlsame Innerlichkeit. Die Romantiker galten zu dieser Zeit keineswegs mehr als ‚kaputte Typen oder auch Irrationalisten', wie Fritz Raddatz erst jüngst in einem Gespräch über Christa Wolf meinte[113], vielmehr hatte man seit den ausgehenden fünfziger Jahren die Romantiker, angeregt vor allem durch Hans Mayer, als Beispiel für Gefühlsintensität erschlossen. Auch im ‚Geteilten Himmel' (1963) vertraute Christa Wolf zuerst der Fabel, einer Liebesgeschichte und deren Eindringlichkeit. Es wird das bekannte Reservoir aus Märchen, Volksliedern wie ‚Ännchen von Tharau', Bibel und Goethe nun erweitert durch die mythisch geprägte Grundsituation von Hero und Leander. Kein Name wird erwähnt, dennoch ist die Geschichte erkennbar: ‚Neun Monate

112 Rüdiger Bernhardt: *Erinnerung und Entwurf.* Zu Christa Wolfs 70. Geburtstag. In: Germanica Wratislaviensia 122. Acta Universitatis Wratislaviensis No 2174, Wroclaw 2000, S. 72

113 Beate Pinkerneil: *Gespräche über Christa Wolf.* In: Text und Kritik, H. 46, 4. Auflage (Neufassung), München: Verlag edition text + kritik GmbH, 1994, S. 19

später war das Boot untergegangen. Sie standen an verschiedenen Ufern. Hatte niemand ihre Zeichen erwidert und ihre Not bemerkt?' Statt der Erfüllung, ‚neun Monate' deutet auf Schwangerschaft und Geburt, kommt die Trennung. Aufschlussreich ist, dass beiden Liebenden in gleicher Weise Gefahr droht. Daraus erklärt sich schließlich Ritas Selbstmordversuch."

Literatur

1) Ausgaben

Wolf, Christa: *Der geteilte Himmel.* Erzählung. München: Deutscher Taschenbuch Verlag GmbH & Co. KG, ^{37}2003 *(Nach dieser Ausgabe wird zitiert.)*

Wolf, Christa: *Der geteilte Himmel.* Erzählung. Halle (Saale): Mitteldeutscher Verlag, 1963 (1. und 2. Auflage mit Grafiken von Willi Sitte); bis 1974 17 Auflagen

Wolf, Christa: *Der geteilte Himmel.* Erzählung. Leipzig: Reclam, 1964 (Universal-Bibliothek Nr. 188)

Wolf, Christa: *Werke.* 13 Bände, hrsg., kommentiert und mit einem Nachwort versehen von Sonja Hilzinger. München: Luchterhand, 1999–2003 *(Bd. 1, 1999, enthält den ‚Geteilten Himmel'.)*

Wolf, Christa: *Kindheitsmuster.* Berlin und Weimar: Aufbau-Verlag, 1976

Wolf, Christa: *Ein Tag im Jahr. 1960–2000.* München: Luchterhand, 2003

2) Lernhilfen und Kommentare für Schüler

Lau, Karin (Auswahl und Einleitung): *Materialien Christa Wolf, Der geteilte Himmel.* Stuttgart: Klett, 1981 (Editionen für den Literaturunterricht) *(Der Dokumentation von Martin Reso ähnlich, allerdings nur 44 im Vergleich zu den 303 Seiten bei Reso.)*

Sevin, Dieter: *Christa Wolf. Der geteilte Himmel / Nachdenken über Christa T.* (Oldenbourg Interpretationen, Bd. 28). München: Oldenbourg, 2000 (4., überarbeitete Auflage) *(Anregende, manchmal verschwommene Analyse der Erzählung; Fakten nicht auf dem neusten Stand. Interessante Angebote als Unterrichtshilfen, S. 101–113.)*

3) Sekundärliteratur

Aus der unübersehbaren Sekundärliteratur werden einige wichtige Titel ausgewählt, die relativ leicht erreichbar sind.

Drescher, Angela (Hrsg.): *Christa Wolf. Ein Arbeitsbuch* (Studien - Dokumente - Bibliografie). Berlin und Weimar: Aufbau-Verlag, 1989
(Ein wichtiges Kompendium bei der Beschäftigung mit Christa Wolf bis zur Wende.)

Gugisch, Peter: *Christa Wolf*. In: Hans Jürgen Geerdts (Leiter eines Autorenkollektivs): Literatur der Deutschen Demokratischen Republik. Einzeldarstellungen, Bd. 1, Berlin: Volk und Wissen, 1974, S. 344–360, Günter Albrecht, Bibliografie: 581–585
(Für die frühe Schaffensperiode Christa Wolfs und die Entstehung des ‚Geteilten Himmels' nach wie vor gute informative Darstellung mit Einordnung in den literarischen Gesamtprozess, Bio- und Bibliografie.)

Hansen, Gisela: *Christliches Erbe in der DDR-Literatur*. Bibelrezeption und Verwendung religiöser Sprache im Werk Erwin Strittmatters und in ausgewählten Texten Christa Wolfs. (Beiträge zur Literatur und Literaturwissenschaft des 20. Jahrhunderts. Hrsg. von Eberhard Mannack, Bd. 14) Frankfurt a. M., Berlin, Bern, New York, Paris, Wien, 1995, S. 184–199
(Aus der Fülle von Untersuchungen zu der Erzählung durch Sachlichkeit und wissenschaftliche Genauigkeit herausragende Interpretation.)

Hillmann, Heinz: *Subjektivität in der Prosa*. In: Hans-Jürgen Schmitt (Hrsg.): Die Literatur der DDR. Hansers Sozialgeschichte der deutschen Literatur, Bd. 11 (hrsg. von Rolf Grimminger). München: Deutscher Taschenbuch Verlag (dtv 453), 1983, S. 396–409

Hilzinger, Sonja: *Christa Wolf.* (Sammlung Metzler 224), Stuttgart: Metzler, 1986
(Umfangreiches Literaturverzeichnis.)

Hörnigk, Therese: *Christa Wolf.* (Schriftsteller der Gegenwart Nr. 26). Berlin: Volk und Wissen, 1989; Göttingen: Steidl, ³1990
(In den Erläuterungen wird nach der Berliner Ausgabe zitiert. Gründliche und materialreiche Interpretation der Werke, zum ‚Geteilten Himmel' S. 85–105, zur Entstehung S. 29–36.)

Magenau, Jörg: *Christa Wolf.* Eine Biographie. Reinbek bei Hamburg: Rowohlt Taschenbuch Verlag, 2003 (zuerst: Berlin: Kindler Verlag GmbH, 2002)
(In den Erläuterungen wird nach der Reinbeker Ausgabe zitiert. Feuilletonistische, gut lesbare Biografie mit faktografischen Einseitigkeiten.)

Nalewski, Horst: *‚Sprachkünstlerische Gestaltung'.* Stilkritische Anmerkungen zur jüngeren Epik. Halle (Saale): Mitteldeutscher Verlag, 1968, S. 34–50
(Analyse des Verhältnisses von Pathos und Nüchternheit in Christa Wolfs Text; zahlreiche wichtige Einzelbeobachtungen.)

Reso, Martin (Hrsg.): *‚Der geteilte Himmel' und seine Kritiker.* Dokumentation mit einem Nachwort des Herausgebers. Halle (Saale): Mitteldeutscher Verlag, Halle, 1965
(Wichtigste Dokumentation der Diskussionen nach der Erstveröffentlichung.)

Schlenstedt, Dieter: *Motive und Symbole in Christa Wolfs Erzählung ‚Der geteilte Himmel'.* In: Weimarer Beiträge, Berlin 1964, H. 10, S. 77–104

Stephan, Alexander: *Christa Wolf.* (Autorenbücher 4). München: C. H. Beck Verlag, ⁴1991
(Die Interpretation der Erzählung reicht oft zu kurz, vor allem von S. 34 bis 45, und die Deutung der Motive sowie Symbole.)

4) Film

Der geteilte Himmel. DEFA 1964, Drehbuch: Christa Wolf gemeinsam mit Gerhard Wolf, Konrad Wolf u. a.; Regie: Konrad Wolf